SOBRE O AUTOR

MILLÔR FERNANDES (1923-2012) estreou muito cedo no jornalismo, do qual veio a ser um dos mais combativos exemplos no Brasil. Suas primeiras atividades na imprensa foram em *O Jornal* e nas revistas *O Cruzeiro* e *Pif-Paf*. Estudou no Liceu de Artes e Ofícios do Rio de Janeiro e, já integrado à intelectualidade carioca, trabalhou nos seguintes periódicos: *Diário da Noite*, *Tribuna da Imprensa* e *Correio da Manhã*, sofrendo, diversas vezes, censura e retaliações por seus textos. De 1964 a 1974, escreveu regularmente para *O Diário Popular*, de Portugal. Colaborou também para os periódicos *Correio da Manhã*, *Veja*, *O Pasquim*, *Isto É*, *Jornal do Brasil*, *O Dia*, *Folha de São Paulo*, *Bundas*, *O Estado de São Paulo*, entre outros. Publicou dezenas de livros, entre os quais *A verdadeira história do paraíso*, *Poemas*, *Millôr definitivo – A bíblia do caos* e *O livro vermelho dos pensamentos de Millôr*. Suas colaborações para o teatro chegam a mais de uma centena de trabalhos, entre peças de sua autoria, como *É...*, *Duas tábuas e uma paixão*, *Flávia, cabeça, tronco e membros*, *Liberdade, liberdade* (com Flávio Rangel) , *O homem do princípio ao fim*, *Um elefante no caos*, *A história é uma história*, e adaptações e traduções teatrais, como *Gata em telhado de zinco quente*, de Tennessee Williams, *A megera domada*, de Shakespeare, *Pigmaleão*, de George Bernard Shaw, e *O jardim da* [...] de Anton Tchékhov [...]

Livros de Millôr Fernandes na Coleção **L&PM** POCKET:

Hai-Kais
Millôr Definitivo – A bíblia do caos
Poemas
O livro vermelho dos pensamentos de Millôr

Teatro

Um elefante no caos

Flávia, cabeça, tronco e membros

O homem do princípio ao fim

É...

Kaos

Liberdade, liberdade (com Flávio Rangel)

Duas tábuas e uma paixão

Traduções e adaptações teatrais

As alegres matronas de Windsor (Shakespeare)

A Celestina (Fernando de Rojas)

Don Juan, o convidado de pedra (Molière)
As eruditas (Molière)

Fedra (Racine)

Hamlet (Shakespeare)

O jardim das cerejeiras seguido de *Tio Vânia* (Tchékhov)

Lisístrata (Aristófanes)

A megera domada (Shakespeare)

Pigmaleão (Bernard Shaw)

O rei Lear (Shakespeare)

Millôr Fernandes

Flávia, cabeça, tronco e membros

Tragédia ou comédia, em dois atos

www.lpm.com.br

L&PM POCKET

Coleção **L&PM** POCKET, vol. 223

Este livro foi publicado em primeira edição pela L&PM Editores, em formato 14 x 21, em 1977.
Segunda edição: Coleção **L&PM** POCKET em abril de 2001
Esta reimpressão: agosto de 2023

Capa: Ivan Pinheiro Machado sobre detalhe da gravura de Theodore de Bry, realizada em 1593, baseado em desenhos originais de Hans Staden de Homberg publicados em 1557
Revisão: Delza Menin e Renato Deitos

ISBN 978-85-254-1093-1

R121f   Fernandes, Millôr, 1923-2012
         Flávia, cabeça, tronco e membros / Millôr Fernandes. – 2 ed.
      – Porto Alegre: L&PM, 2007.
         128 p ; 18 cm – (Coleção L&PM POCKET)

         1. Ficção brasileira-Teatro. I.Título. II. Série.

                                     CDD 842
                                     CDU 840-2

Catalogação elaborada por Izabel A. Merlo, CRB 10/329.

© Millôr Fernandes, 1977, 2001

Todos os direitos desta edição reservados a L&PM Editores
Rua Comendador Coruja, 314, loja 9 – Floresta – 90.220-180
Porto Alegre – RS – Brasil / Fone: 51.3225.5777

Pedidos & Depto. comercial: vendas@lpm.com.br
Fale conosco: info@lpm.com.br
www.lpm.com.br

Impresso no Brasil
Inverno de 2023

Devemos assassiná-lo com coragem,
mas sem ódio; trinchá-lo como uma iguaria.

WILLIAM SHAKESPEARE. Júlio César

PREFÁCIO À EDIÇÃO DE 2007

"Mas a minha palavrinha doméstica, era minha amiga, íntima paca. Eu fazia o que queria com ela, pelo simples fato de que ela fazia o que queria comigo. Era uma ferramenta de fazer coisas quase indizíveis. Quase não, indizíveis mesmo. Precisão, é assim que se chama? Juntos, ela e eu, nos colocamos a serviço de coisas tão essenciais, que nos doíam. Pelo supremo orgulho de ninguém nos entender e à nossa comunhão. E aí nos sentamos e escrevemos, tão precisa ou imprecisamente quanto queríamos, vendo o que queríamos, como ia o mundo do exato ponto ótico em que vivíamos, o mundo, a variada e explosiva alma humana, sim, de 1963."

PS: O editor da L&PM Editores pediu que eu escrevesse algumas linhas para esta nova edição de *Flávia, cabeça, tronco e membros*. Como o que eu pensava no momento em que escrevi a peça é o mesmo que penso hoje – não, não é coerência, tem qualquer outro nome –, repito o que escrevi então.

RAZÃO, RAZÕES

Ainda estava muito escuro. Tínhamos acendido algumas luzes, alguns viam o caminho, mas, no geral, era inútil. Uns poucos contemplados, uma loteria imensa na qual muitos pagavam e um ou outro consumia. Sentei-me e escrevi. Repeti ao que vinha, e era muito. Eu, como Flávia, pretendia tudo. "Tudo, doutor, eu quero tudo." E tínhamos, ambos, bom estofo, ela e eu. Não pedíamos desculpas a ninguém por ter nascido. Continuávamos sem o menor anseio de pedir licença para subsistir. Isso, a simplicidade dessa proposição, já era agressivo. Havia então os conformistas, assim chamados. E os conformistas do inconformismo. Perguntavam-se, uns aos outros, qual era o inconformismo mais na moda. E o seguiam. Ninguém, literalmente ninguém, ousava encarar a realidade. A língua falada era deturpada sistematicamente. Ninguém escrevia o que se dizia. Ninguém dizia como se devia dizer. Então, quando um dizia como devia, era acusado de falso ou de falsário. Os revolucionários estavam todos muito bem amparados pela divulgação oficial. E não havia um que não deixasse de citar, sub-repticiamente, no meio da maior fúria de protesto, o nome de um poderoso do dia. Tudo era falso, pior que falso, porque se mexera no falso estabelecido e agora, muitos, sobretudo os jovens, acreditavam que isso que estava aparecendo não era mais falso. E se preparavam também para entrar no comércio de uma falsificação ainda mais intensa. Eu disse que um ou outro enxergava o caminho. Nem sei. Os mais atrasados continuavam a acreditar que o Sol girava em torno da Terra. E eu, de Galileu, ali, a ter que lhes dizer, sabe, olha! Enquanto isso uma meia dúzia, com a visão um pouco mais adiantada, já afirmava "corajosamente" que a Terra é que girava em torno do Sol. E eu, em pânico, tendo que lhes tornar a afirmar a evidente verdade de que isso era mentira. É só olhar o transcurso de um dia para se perceber a falácia de todos os princípios: nem a Terra gira em torno do Sol nem este gira em torno da Terra. Só existe a dinâmica pura, que torna a ação a suprema afirmativa, e transforma a vida num gigantesco *happening*, onde qualquer afirmativa é leviana, pois já está morta no instante de nascer. Alguém leu, por aí, o prefácio de um livro chamado *Um elefante no caos?* Perdão, mas é fundamental. Não quero repeti-lo, pois seria monótono, e, além disso, impediria a venda de mais um exemplar daquele livro. O que importa é que o clima geral do país, no dia e hora em que resolvi escrever *Flávia, cabeça, tronco e membros* continuava exatamente o mesmo. Vivíamos no regime do absoluto *interesse criado* (Jacinto Benavente). Ninguém se dava. Trocava-se. Se me lês, te leio. Ninguém exigia. Barganhava-se. Os que gritavam estavam apenas querendo o posto de coordenador do grito, ou, pior, censurador do grito, impedidor do grito que não fosse o seu. Os que ouviam os gritos não concordavam com eles, mas deixavam-se intimidar.

E criava-se, assim, o Ministério das Perguntas sem Resposta, é isso. E tínhamos todas as respostas prontas para perguntas que ninguém nunca fazia. Ninguém nunca faria. Literalmente *nobody, nessuno, persone,* acreditava no povo. Brandiam-no, usavam-no, apontavam-no, mas não acreditavam nele. Tinham bastante razão, já que o povo também não se acreditava. O povo não existia. Estava ali apenas de passagem, para assumir um cargo de vigia, um posto de chefia, subir um degrau a mais na escada, uma escada medíocre mas com bastante degraus, quase escada de Jacó de tão longa. Não havia o perigo de se bater com a cabeça na igualdade. E por isso o país tinha perdido o bonde e a esperança. A esquerda tinha bonitas idéias de direita, a velhacaria assumia, tudo que era moral passava a ser moral burguesa, sem qualquer substituição por outra moral ou princípio político. E, na direita, tudo que era inovação passava a ser idéia extremista sem que se apresentasse sequer uma alternativa como pouso de emergência. Então, era ou lá ou cá. De modo que, depois de perder o bonde e a esperança, o país perdeu, sucessivamente, o trem e a vergonha, o navio e o estímulo vital, o avião a jato e a ira sagrada. O escotismo não me seduzia. O único Baden Powell que me seduzia (seduzia é maneira de dizer! Vê lá, leitor) era o da viola. Grande amigo além de excelente rabequista e magnífica alma. Agora, só eu sei o que ele sofria, metido nesta camisa-de-força de oito milhões de km^2. Se eu tocasse daquele jeito pegava o violão e ia tocar nas profundezas do inferno. Juro! Mas eu mexia com o diabo da palavra e, a pouco e pouco, fui me aprofundando até chegar à conclusão de que ninguém sabe duas línguas e só vive na sua. Tinha uns que pensavam que eu sabia alemães, greguices, latinadas, anglo-saxomanias, que isso é que importava. Importava até onde? Mas a minha palavrinha doméstica essa eu tinha aprendido. Era minha amiga, íntima paca. Eu fazia o que queria com ela, pelo simples fato de que deixava ela fazer o que queria comigo. Foi vindo e indo, a coisa. Um dia percebemos que estávamos apaixonados, a palavra e eu. Que eu podia procriar nela: e ela deixava. Era uma arma de fazer coisas quase indizíveis. Se chamava, acho, precisão. Juntos, ela e eu, nos colocamos a serviço de coisas tão essenciais, que nos doíam. Pelo supremo orgulho de ninguém nos entender e à nossa comunhão. E aí nós sentamos e escrevemos, com precisão científica, vendo o que queríamos, como ia o mundo, no exato ponto ótico em que vivíamos, o mundo, sim, 1963. O mundo em geral, o mundo nosso, Brasil, o mundo meu, em particular. Uma simbiose, se é que isso não é uma doença. E Millôr olhou e viu que o mundo não era bom. E aí consertou os mares e os ares e não ficou satisfeito. E aí consertou os lares e os bares. E Millôr olhou os lares e os bares e viu que os lares e os bares não eram bons. E então, no terceiro dia, descansou. Depois descansou também no quarto e no quinto e só foi pegar no batente de novo no sexto porque chovia e não dava praia. E, como chovia, Millôr olhou outra vez e viu que viver tinha se tornado mortal.

Millôr Fernandes
Rio. Março. 1965

PERSONAGENS:

MENDIGO *(Rábula – Apresentador de strip-tease – Advogado).*

IVO – Vinte anos. *Country-boy*

FLÁVIA – Linda. Sedutora invulgar. Dezoito anos.

POLÍCIA – Alto. Forte. Moreno-oliva, pele brilhante. Aproximadamente quarenta anos.

NORONHA – Negro feirante. Bonito. Padrão de sua raça.

ALBERTO – Delegado. Aspecto físico normal. Trinta e nove anos.

PAULO MORAL – Juiz. Gordo. Imponente. Quarenta e nove anos.

SÍLVIA – Mulher de Paulo Moral. Alta. Mais velha do que ele. No segundo ato muito mais velha.

OLGA – Mulher de Alberto. Mais ou menos trinta e cinco anos.

BRANCA – Empregada de Olga. Gorda. Negra.

ADVOGADO DE DEFESA

Firula – Halterofilista. Vinte anos.

Coração – Padre. Idade indefinível. Todos os tiques e deformações da profissão.

João – Feirante.

Carrapatão – Feirante.

Janete – Entregador de carne.

Carnudo – Açougueiro.

Açougueira-da-esquina-da-praça – Açougueira.

Promotor – Quarenta anos ou mais.

Miss Brasil – Símbolo da beleza branca.

General – Alto. Poderoso. Ridículo.

Acompanhante do General

Mulata

CENÁRIOS BÁSICOS

ATO I

UMA RUA. Com fachada de edifício.

RENDEVU. Cama. Porta.

BARRAQUINHAS DE SÃO CONRADO.

DELEGACIA.

CASA DO JUIZ PAULO MORAL. Com porta de entrada.

BOATE. Inferninho.

CASA DO DELEGADO ALBERTO. Com porta de entrada.

PRAIA.

BARRACAS DE FEIRA.

ATO II

TRIBUNAL.

FEIRA LIVRE. (As mesmas barracas do ato anterior, rearmadas. Plano mais alto.)

LEITO – Para o casamento Noronha-Miss Brasil.

Casa do juiz Paulo Moral – Como no 1º Ato com algumas modificações.

Caminhão de carne.

Casa do delegado Alberto – Como no 1º Ato com algumas modificações.

Açougue – Na extrema esquerda do palco.

(Todos os pertences e móveis do cenário podem ser mudados, quando necessário, e sem exagero, durante o espetáculo, como já está marcado em alguns pontos da peça. As mudanças devem ser feitas porém sem nenhuma discrição de modo que o público não se preocupe com o movimento dos maquinistas e perceba que eles estão realmente trabalhando e não foram apanhados em flagrante.)

A PEÇA COMEÇA COM A CORTINA FECHADA

Uma voz forte, bela, tonitruante e cansada:

Num mundo de cantos definitivos o olhar aberto de minha perplexidade varre o norte e o sul, o leste e o oeste, em busca da próxima alvorada.

Antes de abrir o pano ouve-se um grito terrível, de mulher sendo assassinada: grito rouco, engasgado. Cessa o grito. Abre-se o pano.

ATO I

UMA RUA

(Mendigo, com paletó enorme e chapéu-coco, olha para o alto, dando o perfil direito para o público. À sua frente a fachada esquemática de um edifício. Mendigo apanha uma guimba de charuto do chão. Puxa fósforo do bolso. Risca. O fósforo não acende. Sacode a caixa, verifica que não tem mais fósforo. Joga a caixa fora para o alto, em direção à platéia, sobre o público. Fica com o charuto na mão, procura alguém que lhe dê fogo, não há ninguém à vista. Põe o charuto na boca, mesmo apagado, parece descobrir nele prazer igual a que se estivesse aceso. Experimenta o velho violino. Consegue um som desafinado, no melhor estilo dos músicos da porta do Alcazar. Vagamente se adivinha uma valsa vienense. Ele pára, parece satisfeito consigo próprio. Tira o chapéu-coco, numa reverência ao edifício.)

MENDIGO – Autêntica, respeitável comunidade, tenho aqui a honra, sincera gratidão, da acolhida propícia misericordiosa liberal vossa humana generosa benevolência, genuína e muito boa filantropia, que acolhe a este lamentável desesperado espetáculo, desesperado, derradeiro, degradado. Só a vossa decidida, compacta comparecência, clemente mercê, faz com que eu me sinta não de todo abandonado na minha pobre, indigente posição indigente, considerando a presença de cada um, assim como a de cada qual magnânima circunstância aliviadora das minhas confusas nada importantes preocupações vitais. Vossas propícias e participantes graciosas caridosas demonstrações *(faz gesto de dinheiro esfregando o polegar no indicador. Ao mesmo tempo, elevando a mão bem alto, se curva numa grande mesura; o gesto é dirigido à platéia)* permitem-me cantar, tocar; e contar com o vosso científico, filosófico ouvido para as minhas humanas universais vexações vergonhosas tribulações. *(Põe o chapéu no chão, começa a tocar. De cima jogam um balde d'água. O mendigo, todo molhado, sem se dar por achado, apanha o chapéu no chão e vai saindo, agradecendo. Ao longe começam a brilhar anúncios luminosos.* Trampolim. Bar do Souza. Infernos. Três B. *Os luminosos se apagam no momento em que um foco de luz cai sobre a cama onde estão deitados dois jovens nus.)*

NO "TRAMPOLIM"

Ivo – Você é o máximo.

Flávia – O Marquês de Sade. *(Ivo a olha. Há uma pausa.)* Esse sim, era o máximo.

Ivo – Vam'bora?

Flávia – Ainda é cedo.

Ivo – Já são três horas da matina. Não gosto destas plagas. Te veste.

FLÁVIA – *(Se espreguiçando, sensual.)* Tá tão bom aqui. Me dá mais um? *(Ivo serve uísque de uma garrafa que tira do chão, junto à cama. Flávia se senta na cama, abraçando os joelhos, bebe.)* Isso é bem mais família do que eu pensava. Mais arrumado do que o quarto da mamãe. Pensei que fosse mais sórdido.

IVO – *(De pé, se vestindo.)* Te comporta bonitinho que no Natal eu te levo num bem sórdido.

FLÁVIA – Só se for pra dormir com Papai-Noel.

IVO – *(Beija-a em várias partes do corpo, ela ri.)* Vam'bora, vamos. Quero deixar você em casa cedo. *(Senta-se na cama, põe os sapatos.)*

FLÁVIA – Tá com medo?

IVO – Quem tem cão tem medo.

FLÁVIA – Buuuuuuuuuuuuu! *(Abraça-o pelas costas rindo.)* Fica calminho. Papai é fogo de palha; tem mais em que pensar. Tem mais o que beber.

IVO – Sei! Eu vou atrás de você.

FLÁVIA – *(Pega a calcinha no chão, veste-a sensualmente por baixo do lençol.)* Quer saber de uma coisa, minha santa, eu não te violentei não. Você foi lá porque quis, está aqui porque quer. Não estou gamada não. Tá assim de homem por aí *(Junta os dedos da mão, enquanto se curva para apanhar a meia no chão. Ivo abraça-a, e beija-lhe os seios violentamente, depois de olhá-la com calor.)*

Ivo – Não precisa lembrar a toda hora. Com esse buzanfã. *(Dá-lhe uma palmada. Levanta-se, pondo o relógio de pulso.)*

Flávia – Estou só brincando. *(Levanta-se, veste o colant, de pé. Os gestos são precisos, elegantíssimos.)* Ou não estou só brincando? Adivinha.

Ivo – *(Olha-a longamente, com um certo medo.)* Você é terrível! Nunca vi nada igual!

Flávia – Você nunca viu nada.

Ivo – *(Pensando.)* Você tem só dezoito anos mesmo?

Flávia – Dezoito, meu amigo. *(Põe a saia.)* Incompletos.

Ivo – *(Assustado.)* Como incompletos? *(Anda de um lado para outro à Marlon Brando.)* Você me disse que tinha feito! Você declarou que tinha feito! Você quer me matar do coração? Você tem ou não tem dezoito anos?

Flávia – Que sujeito mais fechado, seu! Deixa comigo. Qual é o perigo? Eles quererem me casar com você? Não tem medo não. Eu não quero. Estou cheia de garotos.

Ivo – E eu sei lá? Não acredito mais numa palavra sua! Cada vez que fala é uma bossa nova. Quer saber de uma coisa: tou com medo sim.

Flávia – Fechadão! *(Ri, breve.)* Como você tremia!

Ivo – Eu não estou acostumado como você. Vai tanto à delegacia que acaba se casando com o delegado. Vamos embora! *(Põe a mão na porta.)*

Flávia – Já pagou? Chama o garçom! *(Ivo faz mímica de apertar a campainha. Ouve-se o som. Ele senta na cama, nervoso.)* Não fica preocupado, não. Isso de pai já não é tão grave.

Ivo – Ainda está nos meus nervos o seu berro! AAARH!!! Que presença!

Flávia – Papai precisava uma desculpa! Tinha que tomar uma atitude qualquer – *decente* – ao me pegar na cama com um rapaz.

Ivo – *(Boquiaberto.)* Como é que você diz uma coisa dessas?

Flávia – Abrindo a boca e pronunciando as palavras. *(Ivo a olha, surpreso.)* Escuta aqui: de que século você é? Que é que você queria que eu fizesse? Que é que você queria que ele fizesse? *(Agora ela faz mímica de tocar a campainha, ouve-se o som.)* Se eu dissesse, apenas: "Papai, este é o meu homem", ainda era um pouco forte. Um ladrão é melhor, faz uma ligação de hipocrisia fundamental entre pai e filha. Ele fingiu acreditar que você era um ladrão. Eu fingi acreditar que ele tinha ido no quarto da empregada procurar Alkaseltzer.

Ivo – Quantos ladrões seu pai já surpreendeu em casa?

Flávia – *(Vai responder malcriadamente, se contém.)* Um. Um só. Você é o primeiro.

Ivo – Que é que há? Eu sou frouxo mas não sou bobo.

Flávia – O primeiro ladrão, meu bem. *(Faz carinho no cabelo dele.)* Os outros não foram surpreendidos. *(Ivo vai responder, batem à porta.)*

Ivo – Pode entrar. *(Entra Polícia, jeitão típico. Chapelão, bigodão etc.)*

Polícia – *(Mostrando carteirinha.)* Polícia. Quedê os documentos? *(Ivo, tremendo visivelmente, procura em todos os bolsos, inclusive nos do paletó sobre a cadeira. Acha carteira, passa-a com a mão trêmula ao polícia. Este olha o documento.)*

Flávia – Calma, rapaz. São essas coisas que fazem um homem. *(Polícia olha Ivo, olha para ela, sorri ligeiramente. Luz vai apagando lentamente.)*

EM SÃO CONRADO

(À medida que a luz da cena se apaga, outra se acende "mosquitos" sobre uma imagem de Santa Onório. À proporção que a luz geral clareia a cena, vê-se uma barraquinha de comidas, em São Conrado. É MADRUGADA. Noronha, negro bem jovem e bonito, apregoa sua mercadoria.)

Noronha – Churrasquinho. Churrasquinho de carne. Carne humana e camarão. Caldo de cana. Caldo de gente. Olha o bom sangue. *(Sério.)* O doutor aí não vai querer o bom caldo? Geladinho. Vai fechar, doutor. *(Entra Polícia com Flávia. Sentam-se em dois banquinhos, no balcão. Noronha se aproxima.)* Vai fechar, aproveita.

Polícia – Dois caldos. E castiga também uns churrasquinhos. *(Para Flávia.)* Como é que é? Ainda está nervosa?

Flávia – Fingi um pouco pro rapaz não ficar muito encabulado. Só faltou morrer quando você entrou e disse: Polícia.

Polícia – Que é que você queria que eu dissesse: padeiro?

Flávia – Quando é que soltam ele?

Polícia – A essa hora já voou. Dei ordem pra nem botar na gaiola. Só um passeio na cidade, pra assustar o bicho, depois um sermão e empurrem ele fora da Rádio Patrulha com umas boas palmadas. Menino se trata com palmada.

Flávia – E menina?

Polícia – Com palmada também. Depois de tirar a roupinha dela. *(Pausa.)* Você deu sorte em ser eu na batida. Se fosse outro...

Flávia – ... eu me arranjava. Eu sei me defender. Não sei me defender? *(Noronha serve os caldos.)*

Polícia – E os churrasquinhos, bom crioulo?

Noronha – Já vêm, doutor. Tá retocando. *(Pra dentro.)* Zeca, manda brasa!

Polícia – Você é linda, se defende sim.

Flávia – Você não sabe nada. Beleza é que complica. Se eu bobear a cidade inteira cai em cima de mim. *(Bebe o caldo.)* Os homens, digo.

Polícia – Eu vi. Eu vi na delegacia. Todo mundo de olho em ti.

Flávia – Você também?

Polícia – Tu é uma graça. Eu também. Eu te conheço do bairro. Te espio da sacada. *(Puxa a pálpebra com um dedo.)* Te manjo de turma. Com aquele pessoal do *inferninho* tu te gela.

Flávia – Sabe de um segredo? Eu não sou de pessoal nenhum, não tenho turma. Como detetive você morre de fome. Eu trabalho por conta própria. *(Noronha traz os churrasquinhos, Flávia e o Polícia comem. Noronha sai.)*

Flávia – Por que não me levou também? Teve pena?

Polícia – Tive pena. Ah, eu tive muita pena. Quando olhei teu corpo, teu rosto, tudo, sabe, me veio aquela pena e resolvi deixar que eles levassem só o menino.

Flávia – Uma injustiça.

Polícia – Um dia você me paga. Não paga?

Flávia – Quer que eu pague agora?

Polícia – Calma, neguinha. Não precisa pagamento à vista, vai no crediário. Eu agora não posso. Passei a tarde inteira fazendo uma cobrança dessas. Me entendes? Mas noutro dia... né? Tá bom teu churrasquinho? *(Flávia faz que sim com a cabeça.)*

Noronha – *(Entrando.)* – O doutor não quer comprar um passarinho? *(Aponta fora de quadro. Polícia olha, comendo, sem responder.)* Barato, doutor. Mil cruzeiros com gaiola e tudo. *(Polícia faz que não sem parar de comer.)*

Flávia – *(Comendo.)* – Mostra aqui. *(Noronha exibe a gaiola.)* Bonitinho. Eu levo ele. Mil cruzeiros?

Noronha – Uma abobrinha. Tá de graça.

Polícia – É um corvo! Isso fala?

Noronha – Falar não fala. *(Flávia abre a bolsa, procura dinheiro.)*

Polícia – Pode deixar. Oferta da casa. *(Para Noronha.)* Quanto é tudo?

Noronha – *(Pensa.)* Mil, trezentos e sessenta.

Polícia – Tá. *(Noronha sai.)*

Flávia – Vou dar de presente ao velho. Gosta tanto.

Polícia – Boa praça ele, como vai?

Flávia – Você conhece ele?

Polícia – Na Delegacia, com você. Ele não foi? Voltou lá pra conversar com o delegado. Aliás o delegado achou você uma menina e tanto. Um meninão. Foi o que ele disse – um meninão.

Flávia – Ah, é?

Polícia – Por isso não quis te levar lá hoje. Não rego minha hortaliça pros coelhos de ninguém. Já no outro dia ele fez vista grossa, ajeitou as coisas. Você volta lá hoje, sabe como é, ele põe cara de duro, mas compreendo tudo. Assim eu fiz negócio direto. Entendeu a política?

Flávia – Que é que papai foi fazer lá de novo? *(Polícia* *puxa duas notas, balança no ar para pagar. Joga as notas na mesa. Se levanta.)*

POLÍCIA – Uma encrenca. Ele também se meteu numa encrenca. Resolveu abrir uma fábrica de alfinetes e acabou todo espetado. Morou na parábola? Coisa assim... me entende? *(Flávia levanta-se enquanto Noronha entra e pega o dinheiro, limpa a mesa. Flávia sai com o Polícia, esse levando a gaiola. Noronha, agora um pouco transformado, olha sensualmente para o corpo de Flávia que saiu. Um galo canta. A luz permanece um certo tempo sobre Noronha.)*

NA DELEGACIA

(O mesmo personagem mendigo, agora é um rábula, um advogado de porta de xadrez. Veste-se como tal. Tem aproximadamente cinqüenta anos. Conserva o chapéu-coco, o maneirismo e a humildade do mendigo, cheio de mesuras. Por trás do gradeado típico da delegacia, o delegado Alberto, sentado à escrivaninha, examina uns papéis.)

RÁBULA – Extremamente honrado competente generoso comissário delegado quero apenas o testemunho, a presença, falo, a extrema magnanimidade para a minha lamentável, humílima cliente, bela aliás, não é?, ocasional também, doutor. Conto com a eterna solicitude gratidão extensa deste vosso, simples servidor – o da lei, eu digo – e do direito – para abrir as comportas de vossa imensa, proverbial liberalidade diante de um ser que se errou foi por indução na tirania da vida diária, pois não, todos os dias. Vossa Excelência...

ALBERTO – *(Faz um gesto para dentro.)* Traz a moça. *(Examina papéis.)* A moça se chama Flávia Morelli?

RÁBULA – Se Vossa Senhoria cansativamente ocupado nesta afanosa meritória...

ALBERTO – *(Cabeça baixa, lendo os papéis.)* Dezessete anos, estudante, filha de Eduardo Morelli e Rosa Viriato Morelli, residente à Av. Copacabana 886, apartamento... *(Entra o Polícia trazendo Flávia com uma blusa vermelhíssima transparente que lhe modela bem o corpo.)*

RÁBULA – Essa é a pessoa.

FLÁVIA – Como vai, doutor?

ALBERTO – *(Não ergue a cabeça, mas sente a presença de Flávia, que não quer olhar. Continua examinando os papéis.)*... apartamento 604. A moça foi presa num apartamento de cobertura na Praça General Osório, quando, em companhia de outra moça e dois rapazes não identificados fumava maconha e... (Lê mais um pequeno trecho, apenas movendo os lábios. Seu olhar se levanta do papel e agora examina, sem querer demonstrar o interesse, a beleza de Flávia.)* Está tudo certo? É como o escrivão diz?

RÁBULA – Se V. Senhoria permitir, ceder, nesta indigna miserável calamitosa situação...

ALBERTO – O broto é mudo, doutor? *(Polícia, aproveitando a oportunidade, empurra o rábula discretamente numa cadeira, à guisa de ajudá-lo.)*

POLÍCIA – Senta aí, lengalenga. *(Esbarra-lhe no chapéu-coco, que vai ao chão. O rábula o apanha, senta-se. Delegado faz um gesto para Flávia.)*

FLÁVIA – *(Quase sorridente.)* Está tudo certo. O nome maconha é que é ignorância de V. Senhoria. Experimentávamos ácido lisérgico.

ALBERTO – *(Para o Polícia.)* Ácido lisérgico?

POLÍCIA – Não sei, não senhor. Não fui eu quem prendi a moça.

ALBERTO – *(Confessando, afinal, sua ignorância para Flávia.)* Qual é a novidade?

FLÁVIA – Está em todas as revistas. O senhor não lê as revistas?

ALBERTO – Não tenho tempo.

FLÁVIA – Uma espécie de Mescalina. Não tem contra-indicação. Todos os escritores tomam.

ALBERTO – O que os escritores tomam! Qual é o efeito?

FLÁVIA – Um pilequinho. Um pilequinho filosófico. Atinge-se o fundo do abismo, a sedução do inferno, ouvem-se mensagens de corrupção irresistíveis, têm-se poluções prodigiosas, anseios eróticos jamais imaginados, vêem-se sexos estranhos em formas indizíveis, sentem-se gozos puramente metafísicos, cataclismas de prazer, êxtases demoníacos, sente-se a corrupção dos objetos, uma falta de vergonha inteiramente transcendental... *(Pega um pedacinho de papel impresso, no bolso da saia de napa, lê:)* "...e vai-se de uma depravação a outra inda mais funda ou mais alta, até a dissolução de toda força de vontade, num terrível choque final semelhante a milhões de espasmos, bilhões de orgasmos". Mas não vicia!

ALBERTO – Isso tudo e não vicia?

FLÁVIA – Depende do que V. Senhoria entenda por vício em sua alta (Imitando mesuras do rábula), extensa, proverbial sabedoria magnânima legal.

ALBERTO – *(Faz gesto. Polícia tira o papelzinho da mão de Flávia, passa-o a Alberto. Flávia tira do bolso um tubinho vazio, entrega-o discretamente a Alberto. Alberto passa a mão no rosto, desesperado. Para o Polícia.)* Houve depredação, ferimento, escândalo?

POLÍCIA – Nada, não senhor. Alguém denunciou, ela foi apanhada em flagrante puxando a tal maconha. *(Flávia que o olha com desprezo.)* Nada de mais grave. Os outros fugiram.

DELEGADO – Você está bem?

FLÁVIA – Excelente, doutor, excelente. É como está na bula!

ALBERTO – Olha, você ouve e guarda. Você é responsável pelo que vai ouvir e entender.

FLÁVIA – Sim senhor. O senhor quer eu tenho um gravador aí fora.

ALBERTO – *(Não tomando conhecimento.)* Você é uma moça extremamente jovem e cheia de saúde. Você não precisa de trabalhar para comer. E... *(quase como um galanteio)* você é muito bonita!

Flávia – Eu sei disso tudo há muito tempo, delegado. Além disso, sou uma personalidade extraordinária. Todos fazem exatamente o que eu quero.

Alberto – *(Fingindo irritação.)* E o que é que você quer, posso saber?

Flávia – Tudo, doutor. *(Silabando.)* EU QUE-RO TU-DO!

Alberto – *(Atingido pelo tom dela. Depois de longa pausa.)* Já é a terceira vez que você vem aqui!

Flávia – Nas outras o Luisinho não quis me trazer. Preferiu não incomodar o senhor. *(Polícia evita o olhar de Alberto.)*

Alberto – Esta é a ultima vez em que eu a solto. Pegue o seu advogado e vá embora.

Flávia – *(Olha para o rábula, olha para Alberto.)* Não é meu advogado, não senhor. Apareceu no local, disse que ia me ajudar. Os velhos gostam de me ajudar... *(Delegado olha para o rábula, este sorri, levantando os ombros.)*

Alberto – *(Para Flávia.)* Você não tem jeito não, hein? Dá o fora. Amanhã vou mandar chamar seus pais...

Flávia – Se o senhor quiser eu dou o recado. Talvez ainda me encontre com eles esta semana.

Alberto – *(Duro.)* Se botar o pé aqui mais uma vez eu te meto no SAM*.

Flávia – Doutor, sem nenhuma ironia, essa é uma

---

* Instituição para menores.

experiência que me tenta. O que é que eu preciso fazer pra ir pra lá?

ALBERTO – *(Para o rábula.)* Leve a moça! Leve a moça! Acabou minha paciência.

RÁBULA – *(Levantando-se apressado.)* Suas ordens, obediente, respeitosamente... *(Vai saindo, puxando Flávia por um braço.)*

POLÍCIA – *(Olhando para fora de cena, aproximando-se da mesa do delegado.)* Um meninão!

ALBERTO – *(Levantando-se.)* Terrível! Quase me desarma. *(Pausa.)* Por que que eu não nasci playboy? *(Pega o vidrinho de ácido lisérgico.)* Milhões de espasmos, bilhões de orgasmos. *(*Black-out.*)*

CASA DO JUIZ PAULO MORAL

(Luz aumenta lentamente. Vê-se uma porta. Uma poltrona. Uma geladeira. Livros enormes, de Direito.)

SÍLVIA – *(Bem velha, mas bem empertigada vem chegando em casa. Entra, cheia de pacotes de compras.)* Já não se pode mais andar nessa cidade. Mataram um homem bem ali na porta do Disco.

MORAL – *(Lendo a* Última Hora.*)* Isso já tem três dias. Deu em todos os jornais.

SÍLVIA – *(Abrindo a geladeira e pondo mantimentos dentro.)* Pois o corpo continua lá. Está tudo completamente abandonado! Depois que o governo encampou as funerárias há um cadáver em cada esquina.

Moral – É natural; é preciso refazer todo o sistema. Velas, caixão, coroas, tudo novo!

Sílvia – *(Pega um pedaço de carne, leva-o ao nariz, depois o coloca na geladeira.)* Como cheirava mal. Como fedia.

Moral – Havia urubus?

Sílvia – Milhões. Até dava medo. Já estou muito velha...

Moral – *(Bebendo, satisfeito.)* Os urubus inda acabam tomando conta disso tudo. Vai ser uma beleza. *(Sílvia acaba sua arrumação de mantimentos. Moral se serve de nova dose, ampla, quase cômica. Como quem faz uma revelação:)* Ainda ninguém percebeu: os urubus não vêm pela carniça. A carne podre não lhes interessa. O que os atrai é o crime. O urubu é uma sanção moral. *(Sílvia o olha, estranhando. Depois examina um monte de cobertores, roupa de cama.)*

Sílvia – Vamos ter hóspede de novo?

Moral – Resolvi requerer a tutela da menina. Não tem outro jeito. *(Mergulha no jornal.)*

Sílvia – Deve haver. Deve haver. Pensa bem, meu amor.

Moral – *(Tirando a vista do jornal.)* A mãe é meio entrevada, o pai um irresponsável, a menina não pode ficar abandonada. *(Mergulha no jornal.)*

Sílvia – Interna ela.

Moral – No SAM? Uma crueldade!

Sílvia – *(Arrumando flores num vaso.)* Que idade tem mesmo?

Moral – Dezessete anos. Dezessete anos e nove meses.

Sílvia – Menina, tadinha. Que aconteceu com ela?

Moral – Foi seduzida. Ficamos com ela só três meses, naturalmente, depois ela requer emancipação. Como juiz cessa aí a minha responsabilidade.

Sílvia – É bonita?

Moral – Mal vi. *(Sílvia que o olha fixamente. Ele não levanta a cabeça.)* Assim assim. *(Toma outra dose enorme de uísque.)*

Sílvia – De modo algum Paulo. Arranja outro juiz para ficar com ela. Eu vi fotografias dela.

Moral – Não tenho com quem deixar, Sílvia. O único que podia, o Lessa, vai pra Europa, pediu licença-prêmio.

Sílvia – É muito arriscado, Paulo. Não vou te deixar com uma menina de dezessete anos, bonita, rodando aí o tempo todo.

Moral – Que é isso, Sílvia; a minha integridade!

Sílvia – O mundo anda mudado, Paulo. Você anda mudado.

Moral – Podia ser minha filha! Minha neta! *(Sílvia o olha fixamente.)*

Sílvia – Mas não é. "Os menores seduzidos são, em geral, extraordinariamente sedutores." Sentença tua, ano passado, absolvendo um tarado!

Moral – Deixa de bobagem, Sílvia. Um homem da minha idade!

Sílvia – Você tocou no ponto: um homem da sua idade. Você já tem quase 50 anos, Paulo. É facílimo ela despertar seus sentimentos paternais, sentar no colo. Não deixo não. Sai dessa. Arranja outro.

Moral – Mas, Sílvia, você pensa sinceramente que eu...?

Sílvia – Eu penso sinceramente. Paulinho, ninguém pensa mais sinceramente do que eu! *(Batem na porta.)*

Moral – *(Para o público.)* Deve ser o Alberto. Telefonou que vinha. *(Sílvia abre a porta. Entra o delegado Alberto.)*

Alberto – Boa noite, Sílvia. Bom dia, Paulo.

Sílvia – Bom dia.

Moral – Boa noite, Alberto, senta aí. *(Alberto procura cadeira. Não há. O maquinista entra com uma. Alberto agradece com um aceno, senta. Maquinista sai.)* Toma alguma coisa? *(Ao dizer isso já pegou outro copo e encheu de uísque.)*

Alberto – Não, obrigado. Vou trabalhar agora. Explico logo a que vim; estou com pressa e não quero roubar seu espantoso tempo. Vim lhe falar a respeito de Flávia Morelli.

Moral – *(Bebendo todo o copo de Alberto.)* Sei. O caso é seu. Foi presa sempre em seu distrito.

Alberto – Pois é. Achei bom, excelente o seu critério. Tutelar. Ela tem substância, é recuperável...

Sílvia – *(Agora decididamente prestando atenção à conversa.)* É bonita.

Moral – Sílvia, cumpre o dever de submissão da mulher num mundo de homens e faz um café pra nós. *(Sílvia sai.)*

Alberto – Eu estava pensando em deixá-la lá em casa. Tenho todas as condições – idade, situação econômica, acomodações, passado, sou formado em direito, casado, delegado com uma excelente folha de serviços... Se você, como juiz, não se opõe... Se já não está comprometido com alguém...

Moral – Não... Não é isso. Apenas não tinha pensado em você, sinceramente...

Alberto – Além disso sou contraparente... Descobri que Olga vem a ser tia afim de Flávia.

Moral – Como vai Olga? Sempre bonita?

Alberto – Aquilo mesmo. Envelhecendo.

Moral – Ela está de acordo?

Alberto – *(Hesitando.)* Está. Você sabe, por experiência própria, como é um casal sem filhos.

Moral – Casal sem filhos. É. SANS FILS, SANS PEUR ET SANS REPROCHE.

ALBERTO – A gente sai de casa, deixa a mulher sozinha com seu tédio.

MORAL – É, com seu tédio, você disse bem *(Bebe.)* Mas Sílvia não vai nessa, não. Cheguei a lhe falar em trazer Flávia pra cá. Mas depois da última menina que tutelamos, Sílvia prefere o tédio. Você estudou bem o caráter da moça? Me parece um osso. *(Bebe, a mão treme ligeiramente.)* Má conduta, agressão, maconha, porte de arma...

ALBERTO – Ninguém a conhece melhor, isto é, na nossa geração. Caso típico de má orientação. Deixa comigo.

MORAL – Eu vou pensar. Amanhã te digo. Preciso pensar muito. Você manda a Olga falar comigo? Eu queria conversar com ela a respeito.

ALBERTO – Se você não se zanga, Paulo, eu preferia o fato consumado. Sabe como é. Olha, Paulo, honestamente, eu ia até dizer que você é que me forçou a ficar com a moça por uns tempos...

MORAL – É. *(Suspira fundo. Olha.)* Abro mão. Pode deixar. Amanhã eu falo com Olga. Eu mesmo falo. *(Aponta. Alberto apanha o papel que ele aponta, entrega. Moral assina.)* Pode levar a ordem agora mesmo professor, educador, pedagogo, guarda do seu irmão. Dentro de três meses ela faz dezoito anos e vira um simples caso de polícia. *(Entra Silvia com os cafés.)* Olha, Sílvia, está tudo arranjado. Alberto vai ficar com a moça.

Sílvia – Ah, agora é moça! Antes era menina, menina, menina. *(Pausa, ela distribui os cafés.)* Um tritão e um dinossauro, cada um com 10.000 anos, tentando desesperadamente sobreviver à espécie! *(Os três tomam café, longamente, duros.)* É o que eu chamo o rabo escondido com o gato de fora. *(Luz se apaga lentamente, em resistência, até* black-out.*)*

INFERNINHO – POSTO 2 – COPACABANA

(No black-out *ouve-se música de* strip-tease, *palmas, gritos, foco de luz incide subitamente sobre o traseiro de uma dançarina, com saia extremamente apertada, brilhante, típica. Enquanto ela se rebola continua música vibrante, acompanhada de palmas e gritos canalhas. Quando a dançarina volta o rosto reconhece-se Flávia. Requebra-se, muito sensual e profissional. Depois de alguns segundos, a luz diminui, apaga, a música diminui, fica quase inaudível. Simultaneamente, em outro ponto do palco só ela iluminada, surge a figura do Apresentador. É o mesmo personagem, mendigo-e-rábula. Está agora vestido com um* smoking *surrado. Rosto um pouco pintado demais, quase maquiagem de palhaço. Chapéu-coco é o mesmo. Faz mesura.)*

Apresentador – Marginais vossas excelências que se dignais me honrais neste pequeno antro, recinto, tugúrio, valhacouto, não é? É subida mercê, especial delicada oferta à vossa genuína simpática transviada humanidade que ofereceis o numerário enquanto eu vos retribuo esse empréstimo de vossas velhacas personalidades, embriagadas presenças, com quê? O divertente desnudo desta noite em celebração, comemoração da famosa vitoriosa revolução comunista. Apresentando a vosso competente condigno julgamento peremptório uma nova personalidade simpática, pois não, no mundo exclusivo naturalmente desesperado, eu digo, do *strip-tease* de esquerda, já vêem. *(Alguém atira um tomate. O tomate suja-lhe toda a roupa. Ele olha, profundamente magoado, logo sorri de novo, enquanto vai se limpando, e termina.)* Mas quem sou eu, senão o humilde, parco, mais ínfimo arauto para me fazer o palafreneiro das rédeas de vossas ânsias? *(Bate palmas. Apaga sua luz. Acende a de Flávia. Volta a música mais forte. Gritos. Palmas. O* strip-tease *deve ser um número completo até Flávia se desnudar. Quando ela tira a última peça de roupa ouve-se sirene de polícia, há gritos de pânico. Alguém atira uma toalha bem branca que Flávia apanha, no momento exato em que a luz se apaga. Desaparece Flávia. Por um canto, silenciosamente, entra Alberto. Veste capa de chuva, gola levantada. Mostra carteirinha ao apresentador, que o atende cheio de curvaturas. Alberto vem até o centro do palco acompanhado do Polícia. Luz fraca, mas geral. Polícia toma a dianteira, vem até o proscênio, fala em direção ligeiramente oblíqua ao público.)*

POLÍCIA – Fiquem todos calmos, sentados nos seus lugares. Estão todos presos. *(Bruaá de vozes de protesto.)*

ALBERTO – *(Falando para o escuro, nos bastidores.)* Você aí, vem comigo!

Flávia – *(Surgindo do escuro, até ficar bem no foco maior de luz. Está envolta na toalha branquíssima, quase um arminho.)* Eu, doutor?

Alberto – Você. Você vem comigo.

Flávia – Pra onde é que você vai me levar? Pro SAM?

Alberto – Vou te levar pra casa. *(Ela o fixa.)* Pra minha casa. *(Puxa um papel do bolso mas não se dá ao trabalho de mostrar.)* De hoje em diante eu sou seu tutor.

Flávia – Está bem, papai. Já tinham me falado.

Alberto – Vai te vestir depressa.

Flávia – *(Desconsolada.)* Roubaram minha roupa. *(Olhando-a fixamente Alberto tira a capa. Estende-a na ponta do braço sem se aproximar. Flávia, também sem se aproximar, estende o seu, apanha a capa com a ponta dos dedos. Veste-a lentamente, sem tirar o olhar de Alberto. Tira a toalha por baixo da capa, Joga-a subitamente sobre ele. Sai, brejeira. Black-out.)*

CASA DE ALBERTO

(Campainha que toca. Olga, mulher de Alberto, atravessa toda a extensão do palco, abre a porta.)

Polícia – Boa noite, dona Olga. Doutor Alberto mandou trazer a encomenda.

Olga – Boa noite. Pode entrar. *(Flávia entra, tímida, olhando em volta, ainda veste a capa de Alberto.)*

Flávia – Boa noite.

Olga – *(Para o Polícia.)* Ele não vem?

Polícia – Não senhora. Vai ficar de plantão até as sete velando o sono do contribuinte. Já entregue? *(Olga acena que sim.)* Boa noite.

Olga – Boa noite. *(Fecha a porta. Para Flávia.)* Meu nome é Olga, sou *(sorri, contrafeita)*... sua tutora.

Flávia – Sim senhora, eu sei.

Olga – Você não trouxe roupa, nada?

Flávia – Foi uma surpresa. Amanhã eu vou buscar, trago tudo.

Olga – Seu quarto é aí em cima. Tem um terracinho, um banheiro isolado. Fique à vontade. Se precisar de qualquer coisa pode chamar. *(Vem entrando Branca, a empregada preta.)*

Flávia – Sim senhora.

Olga – Essa é Branca, essa é Flávia.

Branca – Prazer. *(Curva-se num móvel, mímica de apanhar pratos.)*

Flávia – Muito prazer. Posso subir?

Olga – Você não quer comer alguma coisa antes de deitar?

Flávia – Obrigada, não tenho fome. Tenho sono.

Olga – Fique à vontade. Amanhã, naturalmente, meu marido vai lhe explicar o programa diário. Sabe, há uma série de responsabilidades.

FLÁVIA – Sim senhora. É claro.

OLGA – Naturalmente não vai poder sair sozinha à noite, durante um certo tempo.

FLÁVIA – Eu sei, é natural. Posso ir? *(Olga faz um gesto de assentimento.)* Boa noite.

OLGA – Boa noite.

BRANCA – Boa noite. *(Flávia sobe os quatro degraus da escada, some na escuridão.)*

OLGA – É uma verdadeira surpresa. A moça é simpática, tem uma cara ótima! *(Ajudando Branca.)* E educada! Como é difícil julgar as pessoas! Me falaram tão mal dela!

BRANCA – A Senhora vê.

FLÁVIA – *(Surgindo de novo no alto da escada.)* Desculpe Olga. Esqueci de devolver a capa do seu marido. *(Tira a capa, deixando-a cair no chão. Fica completamente nua. A luz se apaga, em resistência, sobre ela. Olga, curvada, se volta para Branca, boquiaberta, Branca, de pé, se volta para Olga, idem. A luz fica acesa ainda um instante sobre as duas mulheres, hirtas, petrificadas.)*

NA PRAIA

(As sombras de Alberto e do Polícia que andam numa praia. Há um imenso arco-íris no céu. Depois, à proporção que a luz se normaliza, o arco-íris vai esmaecendo, ficando em segundo plano.)

Alberto – Parece que o tempo vai firmar.

Polícia – Ainda bem. Eu já não agüentava mais. Um mês de chuva. *(Lento e tímido, Noronha surge atrás dos dois. Polícia se curva.)* Nada. Nenhum sinal mais. Não houve luta... nada. A praia é essa mesma, não tem nem omelete. A lambreta estava estacionada ali. O papel Yes sujo de batom aqui. E o batom ali assim, a menos de um metro de distância.

Noronha – Foi isso mesmo. O doutor parece que viu tudo.

Alberto – Você tem certeza mesmo de que não atacou a moça, assim, nem por distração, para matar o tempo?

Noronha – Deus me livre, doutor, Deus me livre. Fiquei só olhando. Uma moça daquelas só de olhar a gente fica satisfeito. Olhei só o movimento dela, fui embora feliz.

Polícia – É!

Noronha – Pra que arriscar mais com uma mulher tão branca? Quanto mais branca mais encrenca. *(Pausa.)* Posso ir, doutor? Minha barraca sozinha na feira. *(Os dois se aproximam rapidamente de um volume coberto por um lençol branco, bem à esquerda da praia. Noronha fica mais pra trás, sem se aproximar muito. Os dois levantam ligeiramente o lençol.)* Minha barraca sozinha na feira...

Polícia – Ainda ontem andava e pastava.

Alberto – Dezoito anos?

POLÍCIA – Dezenove. A idade da minha filha.

ALBERTO – O médico encontrou alguma marca de violência?

POLÍCIA – Nada, não senhor. Tudo indica morte natural, por afogamento, glu, glu, glu. A autópsia foi difícil. Teve que ser feita aqui mesmo na praia. Ontem não houve um pingo de gasolina na cidade.

ALBERTO – A pequena era virgem?

POLÍCIA – Aí é que está: não era. Mas na semana passada ela foi mandada a exame pelo pai e era virginíssima. Virgem como uma suburbana de Nelson Rodrigues. Alguém esteve aqui com ela, dormiu aqui com ela ao som da maresia...

ALBERTO – E maresia tem som? *(Os três vão saindo, Alberto na frente, bem mais rápido. Noronha, de repente, pára, olha pra trás.)*

NORONHA – *(Olhar estranho, melancólico, em direção da morta.)* Minha barraca sozinha na feira. *(Vai saindo. A luz se acende na casa de Alberto.)*

CASA DE ALBERTO

(Flávia, sentada numa poltrona, lê um livro do autor da peça Lições de um ignorante. *Alberto entra, tira a capa, pendura num cabide. Beija Flávia na testa, paternalmente. PENDURADA EM ALGUM PONTO A GAIOLA COM O CORVO.)*

Alberto – Está triste?

Flávia – Por quê?

Alberto – Com a morte de sua amiga. Eu achei...

Flávia – Como é que você sabe que era minha amiga?

Alberto – Encontrei entre as coisas dela *(Mostra um colar, quase sem tirar do bolso.)* É de Olga. Foi você?

Flávia – Era minha melhor amiga. *(Olha para o colar.)* Dei pra ela porque jóia bonita deve andar com mulher moça e bonita. Sua mulher é velha e feia.

Alberto – *(Se atirando noutra poltrona.)* As amizades que você tem! Que ser estranho você é. No fundo uma alma cheia de generosidade, uma visão mais ampla da vida.

Flávia – Psicólogo!

Alberto – A tua tranqüilidade me espanta.

Flávia – E o meu corpo te fascina!

Alberto – Uma agressão constante. Mas você é muito mais pura do que muita gente.

Flávia – Eu, professor? Como é que você concilia essa pureza com o seu desejo de dormir comigo?

Alberto – Você está louca, guria, não entendeu nada.

Flávia – Você é um encanto de velhinho. Tão inexperiente.

Alberto – Você tem horror a que se diga que você é uma boa moça. Nunca vi ninguém com maior vontade de afundar no mal.

Flávia – Um complexo como outro qualquer, mas eu te adoro. *(Ri. Longa pausa, ela lê. Alberto a olha.)* Quer cair pra trás?

Alberto – Quero.

Flávia – Fui eu que matei Helena.

Alberto – Perca as esperanças. Não havia o menor sinal de violência.

Flávia – E poder de convicção deixa marca, doutor? Eu fiz ela se suicidar.

Alberto – Estou interessado. Diga como.

Flávia – Se afogando.

Alberto – Está nos jornais. *(Pausa.)* Como se suicidou num mar tão calmo?

Flávia – Você não sabe nada. Eu não te disse? Os velhos ignoram tudo. Pensam que o que não aconteceu até então não pode acontecer nunca mais. O mar tão calmo. É isso mesmo: depois de um mês de chuvas e ressacas o mar tão calmo, antes de ontem. Me despedi dela quando começou a clarear e ela saiu nadando, feliz como ninguém, até o limite total de suas forças. Eu tinha dito a ela: "Até o limite total de suas forças". De longe ainda deu adeus.

Alberto – Morreu sem dar um grito de socorro?

Flávia – É fácil, quando se está seguro. Mostrei a ela a foto de um budista pegando fogo, sem um gesto. Ela aprendeu direitinho. *(Pausa.)*

Alberto – Se é tão bom, por que não se suicida também?

Flávia – Ainda não é hora. Mas você vai ver. Um dia eu vou morrer feliz, gozando essa experiência sem igual e sem repetição. *(Com inveja.)* Helena tinha tudo: beleza, posição, dinheiro. E na noite anterior tinha acabado de se entregar a um homem por quem estava apaixonada. Pra que viver mais? *(Agora o detalhe choca Alberto. Parece convencido. Vê-se Olga que se aproxima pelo lado exterior da porta.)*

Alberto – Cuidado! É Olga! *(Olga mete a chave na fechadura.)*

Flávia – Por que cuidado? Eu sou tão pura. *(Mergulha na leitura. Entra Olga.)*

Olga – Você já está aí?

Alberto – Vim mais cedo hoje.

Olga – Alô, Flávia. Como vai sua mãe?

Flávia – *(Sem deixar de ler.)* Vai como pode. Naquela idade. *(Olga a fixa, longamente.)*

Olga – Que é que você tem, Flávia?

Flávia – *(Olhando-a, bem inocente.)* Eu? Nada. Por quê?

Olga – *(Depositando compras na mesa e começando a tirar a suéter.)* Está cada vez mais desagradável, é só isso.

Flávia – Que foi que eu disse?

Olga – Você sabe muito bem que sua mãe e eu temos a mesma idade. Você acha que eu ia deixar passar isso sem notar?

Alberto – Por favor, Olga. Acho que ela não teve intenção...

Olga – Tão bobinha. Tão inocentinha. Saiu bem à mãe. Aliás um pouco pior.

Alberto – Você está exagerando. Flávia, diz a ela...

Olga – E você também, Alberto. Você pensa que eu sou cega, oh! Só não vejo o que não quero. *(Sai, carregando a suéter na mão.)*

Alberto – *(Levanta-se e acompanha Olga, à medida que ela se afasta sem lhe dar atenção.)* Olga, eu já te pedi cento e setenta e quatro vezes que... Olga, eu preciso falar com você muito discretamente. Olga, afinal... *(Saem. Entra Branca.)*

Branca – Brigaram outra vez?

Flávia – Brigaram? Eu não estava reparando.

Branca – Flávia! Flávia! Que é que você pensa da vida? *(Flávia olha, sorridente, atenciosa.)* Não estava reparando! Fica aí o tempo todo namorando o dr. Alberto, um homem casado, na fachada de todo mundo.

Flávia – E o que é que tem isso?

Branca – *(Espantada, sem saber o que dizer, enquanto recolhe os copos.)* Uma pergunta dessas eu não sei responder. Uma moça que responde assim deve saber o que está perguntando. Muito, muito bem. Muito bem e muito, muito.

FLÁVIA – Sei sim. Deixa comigo. Eu conservo você em casa, tá bem? Quando dona Olga for viajar e eu tomar conta de tudo, eu conservo você. Você gosta de mim, Branca? Não precisa gostar, não; eu conservo você!

BRANCA – Dona Olga vai viajar?

FLÁVIA – Ouvi uma conversa.

BRANCA – Aonde é que ela vai?

FLÁVIA – Parece que na Argentina. Vai conhecer a revolução.

BRANCA – Você é maluca!

FLÁVIA – Quer saber de uma coisa? Vai pro diabo que a carregue, ou melhor, me traz um copo d'água. *(Entra Olga, a imagem da dignidade altamente ofendida, a caixa de jóias aberta na mão. Põe-na sobre a mesa com um baque surdo. Branca aproxima-se para ver. Olha para Olga, olha para Flávia. Sai, como quem não quer se meter na história. Flávia, impassível, olha dentro da caixa, levanta a cabeça para Olga, depois recosta-se ligeiramente na poltrona em que está sentada.)*

OLGA – Isso é o fim! Fique certa de uma coisa, Flávia, isso é o SAM. *(Pega o telefone, disca no momento em que Alberto entra.)*

ALBERTO – O que é que você vai fazer, Olga?

OLGA – Tomar providências, Alberto, eu já lhe disse.

Estou farta de sua complacência. Três meses de horror já é demais. Prefiro o monstro da Lagoa Negra.

ALBERTO – Mas o que é que você vai fazer? *(Com ironia.)* Chamar a polícia?

OLGA – Não adianta, no caso. Ela está bem protegida. Uma autoridade maior!

ALBERTO – Ela devolve o colar; eu prometo a você, ela devolve.

OLGA – Alô. O dr. Paulo Moral está? Dona Olga. *(Alberto desliga o telefone.)*

ALBERTO – Não faz isso, Olga. Vai destruir a vida da moça!

OLGA – Ou ela a minha. Ela é incorrigível.

ALBERTO – Olga! *(Olga levanta de novo o telefone do gancho.)* Olga, eu te prometo duas coisas: até amanhã você recebe o colar de volta e até domingo ela sai daqui. Eu te prometo.

OLGA – Você garante? *(Alberto hesita, acena que sim.)*

ALBERTO – Garanto! *(Olga deposita o telefone. Branca vem chegando trazendo na mão uma pequena bandeja com um copo d'água. Flávia se levanta da poltrona em que está sentada e, bem sensual, aproxima-se de Olga e Alberto.)*

FLÁVIA – *(Bem face a face com Alberto.)* Vai garantindo, delegado, vai garantindo. *(Agarra o braço dele carinhosamente. No mesmo gesto tira o colar do bolso* *dele, levanta-o, deixa-o cair na caixa, sobre a mesa. Olga olha, perplexa, hesita, subitamente desfere uma violenta bofetada em Flávia.)*

ALBERTO – Olga! *(Olga dá as costas, saindo, enquanto o delegado ampara Flávia.)*

FLÁVIA – *(Terrível.)* Ela nem sabe o que fez! *(Lança os braços no pescoço de Alberto e beija-o furiosamente, na boca. Branca deixa o copo na mesa, sai apavorada.)*

NA FEIRA

BARRACAS DE FEIRA – Uma delas tem a Santa Onório pregada na trave.

JOÃO (Feirante) – Salve eles: te abriram a jaula, bom crioulo?

NORONHA – Tou aqui e tou vivo. Não tinham nada contra mim. *(Entra na barraca.)* Minha Santa Onório sabe disso.

JOÃO – Eu bem te avisei. Não te mete com Branca que dá mingau.

NORONHA – Conheço meus direitos. Não é um país legal? A Lei Afonso Arinos não taí?

CARRAPATÃO – A lei só mostra que o preto não é igual, velho. Precisa da lei. Alguém faz lei pra proteger os brancos?

NORONHA – Não posso nem olhar? Olhar dá bicho?

Carrapatão – Só de olhar você quase entra bem. Te cuida. Você tá manjado. *(Canta.)* Esse negócio de andá com muié no escuro, isso é negoço duro, só mesmo quem tem ané. *(Os dois feirantes assobiam ao mesmo tempo – Fi-Fiuuuu. Vem passando uma mulata.)*

CASA DO JUIZ PAULO MORAL

Alberto – Moral, eu vim aqui única e exclusivamente pra um conselho, isto é, um favor. Maior que aquele.

Moral – Você sabe, o que eu puder, se eu puder, qualquer coisa, a qualquer hora, mesmo até que eu não possa, não é Alberto? Mas quem sou eu? *(Esvazia o copo.)*

Alberto – Deixa pra lá a modéstia. Como sempre vou direto ao assunto: é melhor, não?

Moral – É o que eu digo sempre: direto ao assunto.

Alberto – É de novo o caso de Flávia Morelli, a moça em questão.

Moral – Sabe que eu nem cheguei a vê-la? É bonita como dizem?

Alberto – Desculpe, não vem ao caso.

Moral – Nas fotografias parece.

Alberto – Não vem ao caso, desculpe. Estou apaixonado por ela.

Moral – Bem, então vem ao caso. Desculpe eu, sim senhor, uma vez mais: é bonita?

Alberto – Linda, sei lá, estou perdido.

Moral – E, se mal pergunto, quando foi que começou isso?

Alberto – Creio que logo que ela entrou na delegacia a primeira vez. É uma graça.

Moral – Quer dizer que quando você veio aqui, já?...

Alberto – É.

Moral – *(Levanta, passeia.)* Segundo examinei... examinei apenas por alto, o processo, confesso sim, ah, eu confesso... Por alto. Mas ela tem um número de entradas terrível, eu digo na polícia. É estranhíssimo numa moça de 18 anos, e afinal de boa família... Até maconha.

Alberto – Mescalina, Paulo. Todos os escritores tomam, hoje em dia.

Moral – Até *strip-tease.*

Alberto – Ela teve coragem, fez em público. Toda moça de família mais cedo ou mais tarde faz pro amante, na intimidade. Isto é, quando tem corpo bonito. Mulher bonita adora exibir o corpo bonito.

Moral – Estou pensando. Olha pra mim: estou pensando.

Alberto – É por isso que estou aqui Paulo: pra você pensar e dar um jeito. Pensa. Pensa Paulo Moral, grande figura da nossa jurisprudência. Relaxa mais essa vez, dá um jeitinho e eu nunca mais volto a falar no assunto. Dou um sumiço nela. E vou sumir com ela!

Moral – Compreende né? Devo considerar 1º) isto 2º) aquilo 3º) não é?

Alberto – Eu ia esclarecer A) assim B) assado C) não é?

Moral – *(Com jeito definitivo.)* O que puder ser feito, Alberto. Vou examinar com o maior carinho. Pra você, está feito. Tá na mão, meu velho. *(Serve nova dose de uísque. A mão lhe treme muito. Não consegue servir-se. Alberto o ajuda.)* Sílvia acha que eu vou acabar com *delirium tremens*. Ela acha que *delirium tremens* vem da bebida, coitada! Ela não sabe que *delirium tremens* é uma questão moral. Moral é claro. Não é à toa que eu me chamo Paulo Moral. Eu não me chamo Paulo Delirium. É como eu digo sempre: o nome é tudo.

Alberto – Nunca vi um cara tão humano, Paulo. Mas não quero te comprometer demais. Examina o processo, você vai ver que tudo que ela fez pode ser admitido não como um crime contra a sociedade, mas como... filosofia. Uma maneira nova de encarar a coisa. Você compreende.

Moral – Sabe, Alberto, ninguém compreende melhor do que eu. Uma maneira nova de encarar, então não sei? Você veio falar com a pessoa justa e medida. A pessoa certa. Ninguém hoje, em toda a justiça brasileira, poderia ter maior compreensão pro seu problema.

Alberto – Que bom que você pense assim. Que alívio pra mim. Eu me sinto hoje tão afastado da mentalidade desses velhos todos que não tenho nem conversa...

Moral – Você já fez cinqüenta, Alberto?

Alberto – Trinta e nove. Trinta e nove, Paulo. Sabe lá o que é isso? E de repente entendo todas as experiências. Essa mocidade quer viver e se destruir, isso é um problema deles, não é não? De longe dá a impressão de grosseria, promiscuidade. Mas, se você pudesse, eu gostaria que você conversasse com Flávia. É de lascar. De repente tudo muda, dá um frio na alma, o tempo perdido, perdido, perdido.

Moral – Perdido, eu sei.

Alberto – Você vê, nós éramos de uma estupidez que não tem tamanho. Dizer que durante anos e anos achávamos importantíssima a roupa! A roupa, Paulinho. Sair na rua sem gravata era uma vergonha, te lembra? *(Moral se levanta, como quem dá por terminada a entrevista, mas ainda serve um gole. Alberto se levanta também.)*

Moral – Você acha que estamos muito velhos, Alberto, é isso? *(Luz se apaga em resistência.)*

CASA DE ALBERTO

(Algumas pequenas diferenças na decoração.)

Branca – *(Sempre na mímica de pôr a mesa.)* Estão dizendo por aí que você vai ser a madame.

FLÁVIA – Você está falando coisas incompreensíveis. Como é que eu posso ser a madame? Alberto não é casado?

BRANCA – Casado descasa.

FLÁVIA – Você está falando africano. Eu não entendo africano. Onde é que você ouviu falar a meu respeito?

BRANCA – Todo mundo fala a seu respeito. Você é uma moça bonita, tenta todo mundo, todo mundo vê que você tenta.

FLÁVIA – Você fala demais, *talks to much. Shut up your big mouth!*

BRANCA – Nós, os pretos, sabemos.

FLÁVIA – Vocês não sabem nada, jovens povos africanos. Os brancos são mais experientes e ainda farão a digestão de vocês durante muitos séculos. Eu sou amante do seu patrão, por acaso?

BRANCA – É o que dizem. E é o que eu vejo. Mão na mão, se abraçando, se beijando na boca, juntos na cama, às vezes até nus, em alguma coisa isso tem que dar. Em boa coisa isso não acaba.

ALBERTO – *(Entrando.)* O jantar está pronto?

BRANCA – Vou preparar depressa. *Madame* Flávia agora que chegou da feira. *(Vai saindo.)*

FLÁVIA – *(Para ela, alto.)* Mau, Mau!

ALBERTO – *(Estirado na poltrona.)* Você chegou da feira agora, vestida assim?

FLÁVIA – Vestida, assim, que é que tem? Acha indecente? No seu tempo as pessoas não se vestiam assim? Quando é que você vai deixar de me censurar por tudo?

ALBERTO – *(Depois de olhá-la longamente.)* Não estou censurando nada. É só uma deformação; fiscal, censor, delegado, passei a vida inteira fazendo isso.

FLÁVIA – Há realmente alguma coisa pra censurar em mim? *(Se levanta da poltrona e só agora se vê seu corpo magnífico num biquíni sumário. Alberto a agarra, puxa-a para si.)*

ALBERTO – Não. Nada. Nunca. Se você disser que não vai me deixar, meu amor. *(Ela se senta no colo dele.)*

FLÁVIA – Depende de você, meu amor. Domingo eu faço dezoito anos.

ALBERTO – Eu já decidi.

FLÁVIA – Como eu quero?

ALBERTO – Como você quer. Sempre como você quiser. Sempre e tudo.

FLÁVIA – Domingo é o máximo. Você não desconfia do seu poder. Ninguém mais rico, mais forte, mais jovem, ou mais belo podia me oferecer uma experiência igual. *(Bem enfática.)* Você vê! Você começa a ver! *(A luz muda suavemente. A cena fica envolvida numa luz suavemente vermelha.)*

ALBERTO – *(Bem lentamente.)* Je commence a voir. Je vois le jour. Je vois ma vie. Des femmes. Des femmes. La mort. Oh, mon amour. Regardes mois, mon amour.

Petite fille de Nevers. Tu deviendras une chanson *(Mais grave, mais fundo.)* Tu est Nevers. Ton nom a toi est Nevers.

Flávia – Hi-Ro-Shi-Más Hi-ro-shi-má, c'est ton-nom. Tu est Hi-ro-shi-má. (O *foco de leve luz vermelha se desvia rapidamente de um ponto do palco para outro.*)

CASA DO JUIZ PAULO MORAL

(A cena é idêntica à outra. Dois corpos abraçados, quase indistinguíveis, se esfregam, se amam.)

Moral – Oh, mon amour, mon amour.

Olga – Hi-ro-shi-ma. C'est ton nom – Hi-ro-shi-má.

Moral – Regardes moi, petite fille de Nevers. Tu est Nevers. Ton nom a toi est Nevers. *(A luz clareia rapidamente para o normal.)*

Moral – *(Sentando-se rapidamente na cama, segurando a mão de Olga e beijando-a.)* Oh, meu amor. Por que só agora, tão tarde, fui te encontrar, meu amor?

Olga – Ainda é cedo. Ainda é cedo nesta intensidade, ainda somos jovens.

Moral – Não eu. Eu tenho pouco tempo. Quinze anos nos separam. Cinco mil dias. Como um menino apaixonado eu digo que não posso viver sem você. E já não tenho o tempo de um menino.

Olga – Você quer mesmo isso: viver comigo?

Moral – Viver contigo. Longe. Só contigo. Aproveitar o máximo agora, ainda agora, esse prazer que você me dá. Pela primeira vez na vida deixar todas as causas, só gozar os efeitos.

Olga – Espera. Espera.

Moral – O tempo do amor não volta. O tempo do amor é irreversível. Eu tenho pouco tempo. Tempo é dinheiro.

Olga – Precisamos de dinheiro para não pensar nele, nem no mundo, em nada, senão em nós, nesse egoísmo que a idade traz. Dinheiro, onde? E meu marido? E tua mulher?

Moral – Alberto, depois de tudo, é um sábio. Não é um problema.

Olga – E tua mulher?

Moral – Eu tenho nojo dela. Se me beija eu cuspo, quando me agarra eu tomo banho. Já não agüento mais de tanto banho.

Olga – Então é fácil também.

Moral – É impossível. Ela me adora. Não me deixará de modo algum. Não me larga, não me solta, vai aonde eu vou, irá aonde eu for. Oh, por que o diabo dessa mulher não morre? Estava tudo resolvido. Ela é podre de rica.

Olga – Podre, mas rica.

Moral – Já viveu demais. Demais. Estamos num mundo de incertezas, e esse diabo não morre!

Olga – Não morre, não morre, não morre. Por que não morre? Paulo, a moral é tão variável, as épocas diferem tanto no julgamento das pessoas.

Moral – Pelo amor de Deus, Olga, meu amor, não é à toa que eu me chamo Paulo Moral e sou tão variável. Não é à toa que eu sou juiz e tão honrado, e já deixei de receber quase meio bilhão de propostas de suborno numa arrependida existência de dignidades. Tenho tudo anotado. Você não vai ensinar Padre-Nosso ao vigário.

Olga – Longe de mim essa idéia. Mas posso lembrar que está na hora da oração, Monsenhor.

Moral – *(Fita-a sem entender.)* Que é, meu bem? Fala claro que aqui ninguém te entende.

Olga – A morte piedosa é uma flor das mais bonitas. Tem sido cultivada em países mais civilizados. E aqui, em se plantando, tudo dá.

Moral – Me diz de novo, meu bem, como é que é?

Olga – O crime que não é crime porque livra alguém muito amado de um sofrimento atroz.

Moral – Mas minha mulher não sofre. Tem uma saúde de ferro. Nunca teve uma dor de cabeça. Trinta e dois dentes perfeitos. Um sono de criança.

Olga – Mas não quer te deixar porque te ama. E vai sofrer no dia em que souber que você já não é dela.

Moral – É certo.

Olga – E sofrerá muito mais no dia em que você a abandonar. Seus últimos anos serão uma tortura indizível.

Moral – Eu não gostaria de ver ninguém sofrendo assim. *(Longa pausa.)*

Olga – Alberto, meu marido, estava sozinho comigo, no Natal, e, num momento de paz e de sossego, disse que tinha planejado um plano, sabe? Algo perfeito!

Moral – Se é dele, é bom. Alberto sabe. Alberto entende disso. Conta. Conta.

Olga – Mataria a mulher.

Moral – Ah, uma mulher?

Olga – Esqueci de dizer. Devia ser uma mulher. Não é uma mulher?

Moral – Deve ser. Creio que sim. Uma mulher. Nojenta mas mulher.

Olga – E serraria a mulher em pedaços como manda o figurino.

Moral – Que figurino?

Olga – É uma gíria. Você não sabia?

Moral – Não sabia, desculpe. Preciso me atualizar. *(Pega um caderno.)* Deixa eu tomar nota, senão esqueço. Minha memória! *(Escreve.)* Um serrote.

Olga – Cortada sua mulher, ela será metida dentro de um caixote verde.

Moral – *(Toma nota.)* Um caixote verde. Por que verde?

Olga – Desculpe, eu não expliquei. Tem que ser verde. Verde cor de janela feia, verde igual a esses caixotes que se usam nas feiras. Pra confundir com eles.

Moral – Um caixote verde e um serrote: bem pouca coisa para um crime perfeito. Naturalmente não preciso anotar a cara e a coragem.

Olga – Você já está se atualizando, viu? É fácil. Põe aí também: três metros de lonita vermelha, largura dupla.

Moral – Três metros de lonita vermelha largura dupla. Cortar o cabelo.

Olga – Que é isso?

Moral – Não tem relação. É pra mim não esquecer também, amanhã de manhã.

Olga – *(Sinistra e poética.)* O início da feira é ao nascer do dia. Aqueles homens fortes vêm às três da manhã e vão descarregando. Aí chegamos nós. Ainda é bem escuro. A praça está vazia, enfeitada apenas pelas caixas que esperam... *(Longo silêncio.)*

Moral – Um caixote. Um caixote verde. Preciso ver como é: o tamanho, as características...

Olga – Eu já encomendei, querido. Já tomei as medidas, tudo... Sílvia foi ontem lá em casa experimentar um vestido e eu tomei a liberdade... *(Luz se apaga em resistência. No escuro ouvem-se assobios moleques:*

"Fi-fiiiiiiiiuuu". A luz se acende lentamente enquanto surge Flávia à direita. Está com uma calça bem justa. Tem na mão um belíssimo serrote que vibra musicalmente enquanto anda. Atrás dela, assobiando "Fi-fuuuuuuu!" e dizendo "Oba", vêm dois homens. Um de pouco mais de vinte anos. É o halterofilista. Ainda está com os pesos nas mãos. Tem os músculos à mostra, violentos, apertados nas mangas da camisa esporte justíssima. O outro homem tem pouco mais de trinta anos. Pálido, delicado. Apenas acompanha a animação do outro. Usa sandálias, short bermudas e camisa extravagante coloridos. Tem na mão uma maleta da Panair. Começo de calvície, chama-se Coração.)

HALTEROFILISTA – Deixa eu te ajudar na carpintaria, morena?

FLÁVIA – Só se for pra fazer o caixão da mãe. *(Brande o serrote, agora com raiva.)*

CORAÇÃO – *(Faz o sinal-da-cruz.)* Tão novinha e já tão desbocada. *(Flávia vai andando, brandindo o serrote. Os dois continuam atrás. Surge Alberto à esquerda, carregando uma caixa verde, como a descrita por Olga. Vê os dois homens. Deposita a caixa no chão rapidamente. Avança para eles, ameaçador, mão na cintura. Os dois fogem.)*

ALBERTO – Fizeram alguma coisa?

FLÁVIA – As gracinhas de sempre. Serve? *(Mostra o serrote. Alberto dá vários golpes de espadachim no ar. Serra alguma coisa, acompanhado de som.)*

ALBERTO – Esplêndido! Quanto custou?

FLÁVIA – Oito mil cruzeiros. É sueco. Tinha mais barato, mas não era tão bom.

ALBERTO – Fez bem. Ela merece o melhor. *(Flávia faz cara feia.)* Está com ciúme? *(Os dois se aproximam da caixa. Alberto abre a caixa, tira de dentro uma lona vermelhíssima.)*

FLÁVIA – Que beleza!

ALBERTO – Também achei. Comprei mais dois metros para irmos à praia... depois. *(Faz sinal para ela se pôr dentro da lona. Ela se deita, como na praia.)* Não, não, ao contrário. Quero experimentar se dá para enrolar tudo. *(Flávia se deita no outro sentido. Alberto a enrola toda.)* Perfeito! Dá e sobra. *(Vem entrando Olga.)*

OLGA – Que brincadeira é essa?

FLÁVIA – *(Surgindo da lona.)* César e Cleópatra esperando a cegonha.

OLGA – Que é que vocês estão fazendo aí?

ALBERTO – Esperando Godot, querida.

OLGA – Alberto, você anda tão grosseiro. *(Alberto avança lentamente sobre ela. De um golpe tira o serrote que ela tem na mão, escondido nas costas.)*

ALBERTO – Olga, que hipocrisia! *(Levanta o serrote. Flávia também.)*

OLGA – Pelo amor de Deus, não me matem! Eu faço tudo o que vocês quiserem.

FLÁVIA – Não vai doer nada, meu amor. Menos que um bofetão. *(Olga recua. Eles avançam. Depois de uma* *pequena ação, andando por vários locais, Olga parece não ter fuga. Cai, desesperada, Alberto, subitamente, puxa do alto, abrindo-o, um enorme desenho de boi, colorido, todo marcado por zonas. Olga se ajoelha, implorante.)*

OLGA – Não, Alberto! Não, conde Alberto. *(Canta.)* "Conde Alberto, não me mates. Que eu a morte não merecia. Me botarás num convento, debaixo da pedra fria. Me darás pão e tormento e água sob medida. Conde Alberto não me mates!"...

ALBERTO – Querida, deixa de folclore. Não vai sofrer nada. Doloroso é viver contigo.

OLGA – Mas eu te deixo livre para sempre, Alberto, eu deixo.

ALBERTO – Não está no poder da mulher deixar livre o marido.

OLGA – Eu te amo tanto, eu te prometo que te amo tanto. Eu te adoro, Alberto.

ALBERTO – *(Vaidoso. Para Flávia.)* Eu não te disse? Você trouxe o furador de gelo? *(Flávia passa-lhe o furador de gelo.)* Você prefere dar o primeiro golpe? É aqui assim. Sabe como é? *(Mostra um local na nuca de Olga, que abaixa a cabeça docilmente. Flávia faz que sim. Alberto se curva, beija Olga na testa.)*

OLGA – Judas! *(Flávia levanta o braço com o furador. Ouvem-se passos de alguém. Ela pára. Os três ficam escutando.)*

Alberto – Que diabo. Vem alguém aí. Demoramos demais. Devíamos ter suprimido a canção. *(Surge uma luz iluminando Coração, com a mesma roupa anterior. Tem na mão a maleta. Vem correndo, cansado, olhando para trás, volta e meia.)*

Olga – SOCORRO! SOCORRO!

Coração – *(Parado, a medo, sem avançar. Procura e fala para os bastidores à direita.)* Que foi? Quem é?

Olga – *(Gritando para os bastidores à esquerda do palco.)* Aqui. Aqui. Socorro. Querem me matar. *(Flávia e Alberto se escondem a um canto. Coração vem correndo. Some. Torna a surgir por um canto, junto de Olga.)* Padre Coração! O senhor caiu do céu. Querem me matar. *(Segura-lhe as mãos.)*

Coração – Calma, minha filha, não vai te acontecer nada. Estou aqui para protegê-la.

Alberto – É um homem sozinho. *(Olha melhor.)* É o padre da lagoa.

Flávia – Vamos lá!

Coração – *(Ajudando Olga.)* Levante-se, minha filha. Que foi que aconteceu?

Olga – Meu marido queria me matar. Ah, como eu o odeio!

Coração – Essas palavras, minha filha, não deixe o ódio envenenar seu coração!

Alberto – *(Entrando com Flávia.)* Boa noite, padre.

Coração – Boa noite, senhor. *(Dúbio.)* Atacaram esta pobre mulher. Viu por acaso o ilustre amigo passar por aí alguém com ares assassinos? Pois queriam matá-la. *(Olga se esconde atrás dele. Coração, subitamente, vê o serrote e o furador de gelo que os dois exibem.)*

Alberto – Queríamos, sim senhor.

Coração – Mas é uma monstruosidade! Vocês não pretendem?... Vocês brincam! *(Os dois, Alberto e Flávia, se olham cinicamente.)* Vocês não respeitam nem um ministro de Deus!

Alberto – Desculpe, padre, com essa roupa. O senhor entrou numa fria que não tem mais tamanho. Tenho a impressão de que desta só sai por cima. *(Aponta para o céu. Flávia ri tapando a boca.)*

Coração – Como assim? Eu não fiz nada. Fiquem no crime passional. Não é passional?

Alberto – Frio mas passional, meu padre. Porém uma coisa puxa a outra. O senhor passou num mau momento. Agora é testemunha. Deve morrer.

Flávia – Você sabe demais.

Coração – Mas eu sei muito pouco. Na verdade, não sei nada. Só sei que nada sei. Não vi coisa alguma. A vida é bela. Eu não conto nada. Olhem, eu não conto nada. Pela Santa Igreja, eu não conto nada. Aliás, aliás, é mesmo, eu nem posso contar. O sigilo. Não é? o sigilo. Devo mantê-lo, o sigilo.

Flávia – Ele tem razão, Alberto. Todo o padre é

obrigado a manter o sigilo bancário. *(Há uma longa hesitação.)*

Coração – Posso ir? *(Alberto e Flávia se olham.)*

Alberto – *(Para Flávia, à parte.)* Só temos um caixote. *(Coração vai se afastando. Depois de empurrar Olga que se agarrou nele.)*

Olga – *(Se ajoelhando de novo.)* Padre, pelo menos me dê a extrema-unção. Sou católica, apostólica, carioca. *(Coração se afasta mais.)* Padre!

Coração – *(Pára. Tímido. Para Alberto.)* Posso?

Alberto – Cumpra o seu dever, mas rápido, por favor.

Coração – *(Da malinha da Panair, tira toda uma paramentação, veste-a rapidamente. Vira padre mesmo, em alta pompa. Acende uma vela, põe na mão de Olga.)* Minha filha, neste momento em que você se aproxima do estado de desencarnação, abandonando a vida terrena para penetrar no incógnito recôndito da morte, confessa seus pecados com unção e preocupação?

Olga – Sim, padre, pelo espírito das leis sagradas, pelas convenções dos homens, pelas regras do direito romano, pelos postulados da ordem e dos costumes, errei e pequei muito. Menti em palavras, tergiversei em pensamentos, hesitei em atos de bondade e sobretudo entreguei meu corpo a quem não devia. *(Alberto furioso com a descoberta de que foi passado pra trás.)* Usei em vão o Santo Nome de Deus, invoquei falsos testemunhos, gravei imagens, cobicei a mulher do próximo. *(Reação de Alberto novamente.)*

Coração – E nesta hora suprema, filha dos meus encantos, você aproveita para pedir perdão a Deus, para se redimir e se arrepender?

Olga – Não posso me arrepender sinceramente, meu padre. Sinto que ainda não estou preparada para pedir perdão.

Coração – Minha filha, eu lhe aconselho a arrepender-se agora: não espere o atropelo do Juízo Final.

Olga – Está bem, padre, se o senhor acha que estou preparada. Nada mais desejo do que fazer as pazes com Deus.

Coração – E também, filha, você aproveita o momento e, de todo coração, com todo o fervor de sua alma cristã, abjura e repele o demônio?

Olga – Isso não, meu padre, não estou em posição de hostilizar ninguém.

Coração – Compreendo filha, e te absolvo, Ad valorem, se vis pacem parabellum, cogito ergo sum, similia similibus ourantur. Alter ego, vade retro, casus belli, morituri te salutam, ad libitum, lapsus línguas. Mens sana in corpore sano, libertas quae sera tamem. Veni, vidi, vici, vox populi, quosque tandem Catilina, per capita, habeas corpus, honoris causa, honc homini lupus. Amém.

Todos – Amém.

Coração – Hóstia? *(Tira caixinha do bolso.)*

Olga – De quê, Padre?

Coração – Hortelã.

Olga – Obrigada, padre. *(Come uma pastilha. O padre dá também a Alberto e Flávia que aceitam. Padre faz sinal romano com o polegar para baixo. Polix Versus.)*

Coração – Nihil obstat. *(Alberto segura o serrote, firme. Flávia avança sobre Olga, com o furador na mão, até cobri-la com o corpo. A luz vai morrendo lentamente enquanto ela faz o gesto de furar Olga. Ouve-se um grito estridente de mulher semelhante ao do início da peça. Enquanto a luz vai sumindo, uma voz de mulher, forte e bela, canta, dominando toda a platéia.)*

Voz – "Conde Alberto, conde Alberto, quem morreu, quem morreria? Responde o menino de colo, que falar ainda não sabia! Morreu a filha do rei, é morta dona Maria." *(A voz vai sumindo)* "Conde Alberto, conde Alberto, ela a morte não merecia... Fechada lá no convento, debaixo da pedra fria." *(No escuro total agora ouve-se a voz de Paulo Moral.)*

Moral – Olga. Olga. Olga, querida! *(Quando a luz volta ao normal anterior, Moral vem entrando pela direita, carregando nas costas uma caixa verde de feira. A caixa anterior já saiu de cena.)* Olga, está tudo pronto, querida. Tudo prontinho. *(Abre a caixa, tira de dentro uma lona vermelha, estende no palco.)* Vai dar tudo certinho querida, vem ver só. *(Pausa. Uma suspeita terrível no olhar, como quem escuta algo.)* Olga, onde está você? *(Agora Moral, quase estático, põe o ouvido à escuta. Ouve-se ao longe, vago, o bater de asas. Em* *vários planos do palco, cercando Moral, mas sem que ele dê mostras de ver, surgem personagens, também com ar estático, tranqüilo e sinistro. 1º Noronha. 2º O General. 3º O Polícia. 4º O Halterofilista. 5º O mendigo-rábula. 6º A mulata. 7º O açougueiro. 8º Branca. 9º O padre. E, por último, surgindo por trás do palco, bem no alto, como em apoteose de teatro de revista, Alberto e Flávia. Todos os personagens têm na mão, bem polido, um tipo diferente de serrote, brilhante à luz dos refletores. Só Flávia e Alberto têm serrotes iguais, vermelhos de sangue. O ruído das asas vai aumentando, aumentando, à proporção que as aves se aproximam. Fica ensurdecedor. São urubus cujas sombras cobrem todo o palco, num giro sinistro, projetando-se sobre um telão branco, ao fundo. Atenção: Na projeção cinematográfica dos urubus o filme deve ser negativo ou solarizado.)*

FIM DO PRIMEIRO ATO

ATO II

TRIBUNAL

(Todos os personagens presentes, exceto os indicados como entrando depois.)

ADVOGADO DE DEFESA – *(É o mesmo mendigo, apresentador de* strip-tease *e rábula. Agora vestido com uma meia capa vermelhíssima, quase sacerdotal.)* Vossa boa, humana, misericordiosa, cordial suprema inteligência, meritíssimo que vos dignai ouvir-me com vossa eminente inexeqüível paciência. São tudo palavras num mundo de fábulas ou somos meros divertimentos na mão dos robôs? Direis. Direis. Ali estava o corpo sem a vida que um corpo deve ter para ser ente e não apenas matéria orgânica de noticiário. Peço a vossas senhorias dementes propícias liberais compadecidas em vossa genuína amistosa sinceridade que não deixeis o momento e a cidade, o instante e o mundo caírem na mão dos acéfalos. É uma manada de peixes, a cova dos leões, a incerteza da hora, uma hipótese de virgens, uma batina de padres. Por isso exijo dureza ilimitada na clemência sem par.

MORAL – *(Do alto da tribuna, é o supremo juiz. Interrompendo quase brutalmente.)* Senhor Promotor! *(Advogado afasta-se para um canto.)*

Promotor – *(Penteia o cabelo fino com um pente comprido enquanto se olha num pequeno espelho. Guarda tudo e fala.)* Meritíssimo: é com pesar que venho mais uma vez aqui como representante do Ministério Público apontar à nação e ao povo os instrumentos do ódio da sociedade para com a sociedade. Quero acusar, como sabem todos ser meu peculiar estilo acusatório, não o indivíduo mas o todo, não o ser que age mas o sistema que o impele. *(Tosse violentamente.)* Na minha idade, eu sei, acusar é um esforço muito demasiado. Acredito até que aos homens de minha idade o Estado deveria reservar apenas o trato com os mais jovens, as mais jovens, e não a tarefa árdua de apontar chagas dizendo: "Foste tu", bradando: "Fostes vós", como um moleque que corre pelas ruas a gritar: "Pega ladrão!" Afinal que promove um promotor? Promove a culpa e indicia o indiciado.

Moral – Sabe o ilustre representante da acusação que não é permitido aborrecer o público. Tudo menos aborrecer o público.

Promotor – Procurarei atender ao máximo vossa advertência, meritíssimo. Mas ser chato – se entendi bem a insinuação – é qualidade inerente, inerradicável. Se sou chato, chato sou, como dizia um deles. *(Longa espera.)*

Moral – Vá. Continue. Não banque o susceptível. Eu te conheço há mais de 30 anos.

Promotor – *(Num tom diferente, muito mais dinâmico.)* A cidade amanheceu estrangulada de pavor. Por todas as ruas, corpos. Por todas *las calles* membros, vísceras, órgãos. Uma orgia de horror sacudiu...

ADVOGADO DE DEFESA – Um protesto. O promotor multiplica corpos e membros, órgãos e vísceras, num calidoscópio que é só eu. O horror não foi tão grande, nem tão múltiplo.

MORAL – *(Sem se importar muito.)* Deixa ele: é só retórica.

PROMOTOR – Estamos na era da imprensa e da cor, na era da televisão e do repórter Esso, na era do rádio, e da televisão, sem falarmos naturalmente da fofoca. Previno ao público que um crime normal, sem rebordos nem ânsias, um crime de costume e de comum, morre em si mesmo e é enterrado no puro âmbito familiar. Mas um ato nefando como ao que assistimos perpetrado com sadismo e, por que não dizer?, eficiência, cheio de sangue e de horror, esse é multiplicado em milhares de exemplares, em milhões de aspectos, em bilhões de opiniões, dezenas de bilhões de imagens, em centenares de bilhões de vozes, que o repetem, noite adentro, como um gol sinistro de Pelé. *(Levanta o braço, hirto. Ouve-se a gravação, ao longe, de um grito de Oduvaldo Cozzi: Goooooooooooollll. Goooooooooooolllllllll. Gooooooooooolllll do Coutinho!")* E não podemos dormir, salpicados de sangue. É preciso punir, senhores jurados, para que o exemplo fique nas mentes mais fracas, que poderiam ser arrastadas a atos e crimes semelhantes. A sociedade exige vingança. Lembrai-vos de John Fitzgerald Kennedy.

Moral – Chamo a atenção do senhor promotor para o uso de sentimentos demasiado comuns e comparações sem sentido. Assim não vai. O público já está cansado desse tipo de divagação demagógica, novelesca, melodramático-rotineira. Tente algo menos quadrado.

Promotor – Obrigado pela advertência. Veja se serve: estou certo de que, se houvesse entre os criminosos um sentimento de verdadeiro ódio o crime ainda teria atenuantes. Estou certo de que se o móvel do crime fosse, como pretendem alguns, vingança, paixão ou simplesmente gaita; a redenção e a absolvição seriam possíveis. Eu próprio, desta tribuna, pediria essa absolvição. Mas não: esses crimes foram executados com requintes de amor. Amor ao crime. *(Para Paulo Moral.)* Está melhor assim? *(Moral faz uma cara de que está mais ou menos.)* O réu crioulo, por favor.

Moral – Tragam o réu crioulo. *(Luz se apaga e acende rapidamente na feira livre.)*

FEIRA LIVRE

(Os três feirantes estão armando suas barracas, bem coloridas. Noronha arma a barraca do meio.)

Noronha – *(Enquanto arma sua barraca.)* Olha o nabo, olha a nabiça, olha o bom capim!

João – Te vira, bom cabelo. O sol hoje vai rachar o crânio.

Carrapatão – Já contente, Noronha? Nunca vi tanto dente.

Noronha – Que é que há, meu pinta? *(Vai pondo lindas abóboras, mamões, laranjas e bananas na barraca, que fica como uma vitrina de floristas. No proscênio Flávia e Alberto vão retirando da cena a caixa verde do feirante, atravessando toda a largura do palco.)*

Flávia – Depressa, Alberto, empurra! Já está começando a clarear.

Alberto – Estou cansado, querida, calma! Já não tenho a tua idade. *(Pára um pouco, olha em torno.)* Que tal um carregador?

Flávia – Vai, vai empurrando aí. *(Vão amparando a caixa para fora do palco, saem.)*

Noronha – *(No plano da feira.)* Ponho aqui minha Nossa Senhora Santa Onório e duvido que alguém venda mais do que eu.

Carrapatão – Você tá é aloprado da cabeça. Não te vira e o jacaré te lambe. Confia nessas negas.

Noronha – *(Feroz. Aproximando o rosto do de Carrapatão.)* Vê lá, Carrapatão. Vê como trata minha Santa. Brincadeira tem O Clock.

Carrapatão – Que é que há? Tá me estranhando?

João – Ele tem razão. Com devoção dos outros não se brinca. *(Flávia e Alberto agora empurram a outra caixa para colocá-la no lugar da primeira.)*

Alberto – Diabo! Ela vivia dizendo que calorias não engordam!

Flávia – Peso é disfunção glandular. Quando se tem propensão não adianta. *(Os dois deixam a caixa, vão saindo. Flávia ainda faz o sinal-da-cruz.)*

Noronha – Minha santa é minha santa. Mais respeito. Dou um boi pra não entrar numa briga. Brincadeira de homem cheira a defunto esquartejado.

Carrapatão – Quem é que tá brincando? Eu lá brinco com homem? Aposto minha féria inteira contra a tua. Se sobrar um tomate aí, eu fico com tudo.

Noronha – Eu devia era te estourar. *(Decide.)* Você vai ver: coloco ali a Santa Onório de pedra-sabão... *(Dá algumas voltas no palco até atingir a caixa.)*

Carrapatão – *(Para João:)* Ignorância não tem jeito não. Vai entrar bem, Onório e tudo. *(Noronha se curva junto à caixa, tira da cintura um molho de chaves, tenta abrir. A caixa não abre, ele estranha.)*

João – Você é muito atrevido. Não sabe com quem tá se metendo. Esse cara te arranca as tripas. Tem duas mortes lá no Piauí, três em Sergipe.

Carrapatão – Bobagem! Eu quero ver é aqui no Rio. *(Noronha olha por uma abertura da caixa e vê um filete de sangue saindo. Se abaixa, passa o dedo, leva-o à luz para verificar melhor. Estremece de horror e vai caindo desmaiado, se apoiando na caixa, grunhindo de terror.)*

Noronha – Ahniiiin. Ahinnnn! Joããão. Joããão. *(Os dois homens param o que estão fazendo, põem-se à escuta, logo correm em direção de Noronha, repetindo o movimento dele. Noronha está semimorto, junto à caixa.)*

João – Que foi, Noronha? Que é que há? *(Olha em volta, assustado. Enquanto Noronha vai se levantando, apoiado por João, Carrapatão aponta.)*

Carrapatão – É sangue?

Noronha – Pois é, é sangue.

João – Deixa de brincadeira: isso é tomate.

Noronha – Prova.

João – *(Passa o dedo, prova.)* Melado de gente!

Carrapatão – Coragem, homem. Me dá a chave.

Noronha – Não abre. Só arrombando.

Carrapatão – Pombas. *(Para dentro.)* Dá isso aí. *(O maquinista entra, lhe entrega uma trave de ferro. Sai. Carrapatão força a caixa com violência, a tampa cede. O outro acaba de arrancá-la, olha para dentro, recua. A cabeça de Olga emerge saltando da caixa como um polichinelo.)* Eu não disse?: tá premiado!

Noronha – *(Se benzendo.)* Minha mãe do céu, Santa Maria do Cabelo Pixaim. Vamos chamar a polícia. *(Faz menção de sair correndo, mas Carrapatão o agarra.)*

Carrapatão – Você tá doido? Você tá tonto da cabeça? Eles já andam de olho em você. Mete a justa nisso e tu nunca mais te casa, crioulo.

Noronha – Mas que é que eu vou fazer? *(Senta-se, desesperado, quase chorando.)* A caixa é minha; igualzinha à minha. Eles vão me apanhar, vão me apanhar, vão me apanhar, vão me apanhar, vão me apa... *(João dá um empurrão em Noronha. Este pára.)*

Carrapatão – Vamos jogar no mar.

João – É uma idéia. Mas daqui até o mar... Olha! Olha quem vem vindo! *(Os três olham para a esquerda enquanto a luz se apaga e se acende a do tribunal.)*

TRIBUNAL

(Moral bate com o martelo. Noronha entra no tribunal pela direita, humilde, curvado, carregando na mão o resto de uma cadeira, quase sem costas e com a palhinha quase inexistente. Senta-se depois de cumprimentar vagamente Paulo Moral.)

Promotor – *(Se aproxima dele. Ao se aproximar tapa o nariz.)* Seu nome?

Noronha – Humm?

Moral – Senhor promotor, é livre qualquer demonstração de desprezo pelo réu. Mas desde que isso não prejudique o entendimento. Sua dicção já não é lá essas coisas. Se, além disso, resolve falar tapando o nariz... Lembre-se de que está diante da opinião pública internacional e de que não temos os recursos da ONU. Portanto fale o português claro. O mundo não tem boa vontade...

Promotor – *(Tirando a mão do nariz.)* Qual seria a expressão mais conhecida com que se poderia designá-lo: apelo, alcunha ou apelido?

Noronha – Noronha, um seu criado.

Promotor – Como é, se é que foi?

Noronha – Eu a conheci na praia, num dia de sol pela metade.

Moral – Minha observação vale também pro indiciado. Não seja sibilino, nem use gíria de um determinado grupo social. Explique o sol pela metade.

Noronha – É isso mesmo, doutor, não tenho fantasias. O céu com algumas nuvens. Então, na praia, há um pedaço de sol e um pedaço de sombra, um pedaço de sol e um pedaço de sombra, um pedaço de sol e um pedaço de sombra.

Polícia – *(Agora com outra caracterização.)* Obrigado, já entendemos.

Noronha – Um pedaço de sol e um pedaço de sombra, um pedaço de sol e um pedaço de sombra...

Polícia – *(Para todos.)* Tá nos gozando! Senhor juiz, o réu tá nos gozando! *(Ruído geral, mais ou menos de protesto.)*

Noronha – *(Ininterrupto...)* Um pedaço de sol e um pedaço de sombra, um pedaço... *(Advogado de defesa dá um empurrão em Noronha. Este pára.)*

Advogado de defesa – Desculpem os jurados. O crioulo

tinha enguiçado. *(Nacionalista.)* Um pequeno defeito: só os fazemos aqui há uns oitenta anos. Prossiga.

NORONHA – Um pedaço de sol e um pedaço de sombra...

PROMOTOR – Cuidado! *(Advogado faz gesto de quem vai bater de novo. Noronha pára, acorda como de um ato de sonambulismo.)*

NORONHA – Ela vinha no sol, uma luz como ela, para se queimar, e eu vinha na sombra para não me queimar, como convém a uma branca e a um preto. *(Branca entra silenciosamente.)*

PROMOTOR – E a que distância se conheceram?

NORONHA – A uns vinte passos. E ela aí estremeceu. Eu vi que não era ela. Ela viu que não era eu.

BRANCA – Pergunte como estava vestida. Tem que perguntar como estava vestida.

PROMOTOR – E como estava vestida?

NORONHA – Eu de fraque, como sempre vou à praia aos domingos.

BRANCA – Não. Ela! Ela!

PROMOTOR – Perguntei como *ela* estava vestida.

NORONHA – De salto alto, calcinha e sutiã. Que logo tirou aliás, sendo muito aplaudida.

PROMOTOR – E que disse ela?

NORONHA – Bom-dia, como todo mundo.

PROMOTOR – E você, que respondeu?

NORONHA – Boa noite, doutor. Eu sou negro com absoluta consciência racial. Eu nunca dou bom-dia. *(Entra general, todo condecorado. A manga esquerda do dólmã enfia-se no bolso esquerdo indicando que ele não tem um braço. Alberto o acompanha. Flávia discretamente mais atrás.)*

GENERAL – Não sei como é na justiça, mas se for como no exército, esse está frito. *(Saem depois, imperceptíveis.)*

PROMOTOR – Diga. Diga sem temor de represálias. Que foi que ela lhe fez? *(Noronha ri, encabulado, baixa a cabeça. Levanta-se João. Noronha sai quando ele começa a falar.)*

JOÃO – Não adianta perguntar mais nada a ele. Não sabe mais nada. Não adianta torturar o pobre rapaz. Já disse tudo que sabe. Queriam que ele soubesse mais? Não sabe, não pode. Só fez o primeiro ano primário. Eu posso dizer porque fui padrinho de casamento dele. E entre tantos milhões de pessoas que se casam talvez fosse o único que tivesse razão de se casar. Não é todo o dia que um preto tem oportunidade de se casar com a Miss Brasil!

ADVOGADO DE DEFESA – *(Num passo, aproximando-se de João.)* Com a Miss Brasil! *(Para o público.)* Sim senhor!

POLÍCIA – *(Para o público.)* Formidável!

HALTEROFILISTA – *(Para o público.)* Quem diria!

Branca – *(Para o promotor, com voz tonitroante.)* E não tinha ciúme?

João – *(Ri breve.)* Se não tinha ciúme! Perto dele Otelo era um corno manso! *(Soa a marcha nupcial. Pela direita entra atriz branca, linda. Está vestida de noiva. Logo depois entra Noronha, com fraque e cartola, bem brilhantes. Todos olham e participam como num casamento formal.)*

Coração – *(Entra pelo lado oposto, agora vestido normalmente de padre. Casa os dois.)* Ad valorem, álea jacta est, de gustibus non est disputandum, o tempera o mores, mutatis mutantis, modus vivendi sine qua non per omnia secula seculorun Epur se muove Epur se muove.

Noronha – Aceito, sim senhor.

Coração – Vox populi vox dei habeas corpus sursi delirium tremens, ecce homo?

Miss – Ecce homo! *(Sorri para ele. Os outros se recolhem à escuridão, enquanto Branca grita:)*

Branca – Miscigenação! Miscigenação! *(Se recolhe também à escuridão. Agora há luz apenas sobre os dois.)*

Noronha – Glória, oh, Glória! Minha Glória! Este é o dia mais infeliz da minha vida. Aqui começam as minhas maiores dores de homem. Sem dormir nem comer tenho que guardar dia e noite o tesouro que me deram.

Miss – Enfim, querido, estamos sós. Por que temer, se te escolhi entre todos? Vem para o meu leito e esquece.

A que mundo, a que raça, a que infortúnio. Vem, nosso leito é uma esperança. *(Sobre o leito, coberto por uma colcha de grandes e lindos retalhos coloridos, cai uma luz suave.)*

Noronha – Eu vou dormir contigo, mas não quero que emprenhes. O meu ato de amor não deve ter futuro.

Miss – Vem, a lei é tua.

Noronha – Tenho medo, meu amor. Desejei tanto a terra e herdei demais. Transformei tudo em ouro e não posso comer.

Miss – Vem. O leito nos espera. Em nosso barco, em meus braços tão brancos mergulharei tua angústia e teu medo. Hoje tu me conquistas.

Noronha – *(Sofrendo imensamente.)* Eu preferia ser de novo escravo. Não sei o que fazer do poder que me deste. E sendo assim já não tenho poder. O pior dos brancos te possuiria tranqüilo ou te faria devorar seu ardor, engolir seu sêmen, desvairado de amor. Eu, rijo e forte, padrão de minha cor, tremo e anseio, porque um dia tu me trairás, um dia tu me trairás, um dia tu me trairás... *(Miss lhe dá um empurrão.)*

Miss – Pára com isso! *(Ele pára, exausto, respirando forte.)* Não dá o golpe da raça inferior pra cima de mim não. Você é impotente?

Noronha – *(Com o olhar violento, cheio de ódio.)* Tira a colcha da cama! *(Miss arranca a colcha, de um gesto só, e surgem as oito caixas verdes, de feira, que formam o leito nupcial. Glória dá um grito semelhante ao de Olga ao morrer.* Black-out.*)*

UMA RUA – MADRUGADA

(Do fundo do black-out *surge a figura de Janete, enrolado num avental branco todo sujo de sangue. Janete é o entregador de carne. Vem caminhando para a frente do palco, carregando nas costas um enorme pedaço de boi. Vê-se, ao fundo, o caminhão de onde ele saiu. Carnes penduradas nos ganchos. Ele entra no açougue à esquerda, no momento exato em que o açougueiro surge, começa a trabalhar.)*

Janete – *(Voz grossa.)* Bom dia. *(Desaparece um instante.)*

Açougueiro – Bom dia. *(Janete volta sem a carne.)*

Janete – Vinte quilos de peito. Trinta e seis de chã-de-dentro. Trinta e sete de acém.

Açougueiro – *(Olha a fatura.)* Aumentaram de novo?

Janete – Nem vi. Aumentaram? *(Olha a fatura.)* Te falar a verdade, há mais de um mês que não sei o que é um pedaço de carne. O dinheiro não dá nem pro feijão.

Açougueiro – E a Titina, como vai?

Janete – Aquilo mesmo, coitada. A dor nas costelas aumentando, aumentando. Tá com a alcatra toda inchada. Cada maminha deste tamanho. E era tão bonita. Outro dia! Te lembra quando eu casei?

Açougueiro – *(Assina a fatura.)* E o filé minhom? Não veio o filé minhom? *(Janete bate na testa, sai rápido dobrando a fatura, pondo-a no bolso. Açougueiro vai dando machadadas na carne e gemendo alto enquanto dá os golpes. "Ahn, ahn, ahn!" Como está de costas os gemidos podem ser da própria carne. À direita do palco aparecem Noronha, João e Carrapatão. Açougueiro entra.)*

Carrapatão – Hei, tchiutchiu! Hei, Janete!

Janete – Ó, Carrapatão, que é que há?

Carrapatão – Não é nada. Já tomou café?

Janete – Tá convidando?

Carrapatão – Claro. *(Enquanto Carrapatão e Janete vão pela esquerda, por trás deles Noronha e João vêm trazendo a caixa verde em direção do caminhão de carne ao fundo.)* E vai ser média com pão, manteiga e creme craquer. *(Bate no bolso.)* Ganhei o bolo ontem.

Janete – Eh, sorte. Há mais de um mês que não sei o que é manteiga. O dinheiro não dá nem pro feijão.

Carrapatão – E a Titina, como vai?

Janete – Aquilo mesmo, coitada. A dor no chã-de-dentro cada vez maior, sabe? Tá toda inchada: cada mocotó deste tamanho! Era tão bonita, hein? Você esteve no casamento, não esteve?

Carrapatão – Estive e cheio de inveja. Vou te confessar: cheio de inveja. *(Os dois saem pela esquerda. João e Noronha derramam os membros dentro do caminhão. O número de membros deve ser exagerado. Seis pernas e quatro braços.)*

CASA DO JUIZ PAULO MORAL

(Paulo Moral e Sílvia, sua mulher. Sílvia agora está bem mais velha, velhíssima, a máscara da própria velhice. Ela numa cadeira de balanço, ele estirado na poltrona, com os braços pendentes para fora. Os pés descansam sobre a caixa verde. A lonita vermelha cobre a mesa de centro. O serrote está sobre a mesa. Na parede um enorme relógio de pêndulo, com som exagerado. Dezenas de garrafas de uísque vazias, em toda parte.)

SÍLVIA – *(Se levanta, alquebradíssima, anda.)* Adorei os teus presentes, querido. A toalha de mesa, a caixa para guardar minhas fantasias do concurso do Municipal, e esse lindo serrote espanhol. *(Vai acariciando os objetos enquanto fala.)* Gosto tanto de serrar umas coisinhas. *(O relógio bate quatro horas, violentamente.)* Meu Deus, como o tempo passa.

MORAL – Oh, Sílvia, meu amor, pensei que você não voltasse mais...

SÍLVIA – *(Dá uns curiosos grunhidos de satisfação.)* Estou tão feliz de saber que você sentiu a minha falta. Estava até pensando que você queria se ver livre de mim, desejava a minha morte. *(Senta-se na cadeira, que range muito.)*

MORAL – Demonstrei desinteresse, meu amor?

SÍLVIA – Você ultimamente só queria o meu dinheiro. Fumava mais de três maços por dia.

Moral – Como é que você pode pensar numa coisa dessas? *(Ele brinca com o serrote.)*

Sílvia – Que outra coisa você poderia querer de mim? Afinal eu não sou mais criança. Já passei dos noventa. *(Pausa. Ela continua a balançar a cadeira.)* Estou rangendo muito, meu amor?

Moral – Nem tanto. Há exagero nisso.

Sílvia – *(Pensa.)* E você é um juiz. Um juiz enorme.

Moral – Nem tanto. Há exagero nisso. *(O relógio bate cinco pancadas.)* Meu Deus, como o tempo passa.

Sílvia – Eu quase não voltava. Estava mesmo disposta a desaparecer, deixar você com tudo, e só. Com meu dinheiro e com quem bem quisesses.

Moral – Que idéia, querubim. Quem é que eu bem queria? *(Longo silêncio.)* Nesses dias, aqui sozinho, vi que não posso mesmo viver sem você. Sem você aqui senti o desamparo. Tenho absolvido todo mundo.

Sílvia – *(A cadeira parando subitamente.)* O quê?

Moral – Três dias você esteve fora. Três dias ninguém foi condenado em meu distrito. Eu não tinha coragem. O que é o crime, minha adorada esposa, eu me perguntava? Que é o crime, eu te pergunto agora? *(Ela o olha. Ele a olha longamente.)* Conserta a meia, querida, está toda enrugada.

Sílvia – Estou sem meia, meu bem. É o tempo. *(Longa pausa.)* Com esse tempo eu fico toda assim. *(Faz gesto de bem enrugada com a mão. Moral se atira aos pés dela.)*

Moral – Não importa, meu amor, eu te amo como se fosses lisa. Você promete que não vai me deixar?

Sílvia – Juiz, você está tão diferente! Que bicho te mordeu, tão carinhoso? Que foi que aconteceu na minha ausência, juizinho? *(Black-out.)*

RUA – CAMINHÃO DE ENTREGA DE CARNE

(Janete, dentro do caminhão, geme de terror. Tem na mão uma bela perna de mulher. Movimenta-a sem olhá-la, apenas apavorado.)

Janete – Uh, uh, uh! Meu Deus do céu! *(Desce as escadinhas, olha em torno. Corre para a direita.)* Logo comigo! *(Geme. Corre para a esquerda.)* Essas coisas só acontecem comigo. *(Geme. Corre para o alto.)* Que é que eu vou fazer, meu Deus? *(Geme. Corre para baixo. Geme.)* Polícia. Tenho que chamar a polícia. *(Olha a perna.)* Eu chamar a polícia, eu? *(Olha de novo a perna, parece ter tido uma iluminação.* Black-out.*)*

TRIBUNAL

(Luz sobre açougueira e promotor.)

Promotor – Seu nome, por favor.

Açougueira – Açougueira.

Promotor – O nome verdadeiro. Não a profissão.

Açougueira – Mulher do açougueiro, sim senhor.

Promotor – Não, o nome: como a chamam.

Açougueira – Maria, a Açougueira-da-esquina-da-praça.

Promotor – Quando é que a senhora percebeu que havia algo anormal no fornecimento?

Açougueira – Meu marido percebeu mais ou menos logo. Há vinte anos trabalha com o artigo.

Promotor – E não perceberam imediatamente que se tratava de um crime?

Açougueira – Vimos só que era carne diferente.

Promotor – Humana?

Açougueira – De gente.

Promotor – E nem se incomodaram?

Açougueira – Doutor, há tantos anos lidamos diariamente com carne, sangue, ossos, miúdos, bofes, coração, miolos; carne de boi, de porco, de vitela, toda carne. É difícil, depois de tanto tempo, a gente ter horror a qualquer carne. A nossa é quase igual. *(Mostra o braço apertando-lhe a carne.)*

Promotor – Mas a polícia, a gravidade do ato.

Açougueira – É difícil eu lhe explicar. Achamos que era uma contravenção, que o fiscal, se soubesse, podia nos multar. Mas nunca pensamos que... o senhor sabe que gente como nós tem pavor de polícia. Que era horrível eu só percebi quando saiu meu retrato na LUTA:

"Monstro Galego vendia carne humana". E nem portuguesa eu sou! Quando eu me levantei, de madrugada, aquele dia era igual... *(Açougue se acende à esquerda. Do açougue, aceso com a luz vermelha tradicional, surge o açougueiro, apavorado.)*

Açougueiro – Açougueira! Açougueira!

Açougueira – Que é?

Açougueiro – Levanta e vem cá.

Açougueira – *(Para o promotor.)* Posso ir?

Promotor – Vai. Reconstitua! *(Açougueira vai correndo até o marido.)*

Açougueiro – Liga o telefone aí. Chama a polícia. *(Açougueira obedece. Consulta a lista. Começa a discar. Subitamente repõe o fone.)*

Açougueira – Que foi, Carnudo, que aconteceu?

Açougueiro – Fala baixo. Pedaços de mulher ali no frigorífico.

Açougueira – Costela?

Açougueiro – Uma parte de maminha de alcatra. A outra, pá.

Açougueira – Que vamos fazer?

Açougueiro – Chamar a polícia, eu não te disse? É coisa do Janete!

Açougueira – Meu Deus, será a Titina?

Açougueiro – A Titina anda toda inchada. Não é ela.

Ou ele já dizia isso para...? Chama a polícia. Chama a polícia. *(Mulher liga o telefone.)* Não quero encrenca.

Açougueira – Alô. Oh, Titina. Você está boa? Não, só queria saber. Tudo bem. Tudo bem. Não, nada. Ah, tem um freguês aqui. Depois eu ligo. *(Desliga.)* Não é ela.

Açougueiro – Eu não disse? Você pensa que não conheço? Chama a polícia. *(Pega o telefone ele mesmo, nervoso.)*

Açougueira – *(Põe a mão no gancho do telefone.)* Sabe uma coisa: não vai chamar ninguém. Se você não quer encrenca o melhor é não chamar ninguém. Quantos quilos calcula?

Açougueiro – *(Muito profissional.)* Uns vinte e cinco. É um bom pedaço. *(Açougueira sai. Açougueiro deposita o fone, olha para fora de cena, perplexo. Açougueira volta, jogando pedaço de carne sobre o cepo.)*

Açougueira – São vinte contos a mais, Carnudo. Vinte contos. Me dá essa machadinha. *(Começa a bater na carne enquanto se ouvem gemidos de mulher.)*

TRIBUNAL

(Halterofilista sentado num banco de madeira.)

Promotor – Seu nome.

Halterofilista – Sávio Cabral Nagib, mas todos me chamam de Firula.

Promotor – É natural do Rio?

Halterofilista – Nasci na Rua da Alfândega, entre retalhos de fazenda e massa de quibe, como todos os árabes que conheço.

Promotor – Conhece muitos árabes?

Halterofilista – Conheço três, todos safados: meu pai, meu irmão e minha irmã. Minha mãe é uma santa, mas não é árabe. Minha mãe é armênia. Vou lhe explicar a diferença...

Promotor – Não é da menor utilidade para a causa a diferença entre árabes e armênios. Queira a testemunha prender-se às respostas essenciais ao desenvolvimento do processo.

Halterofilista – *(Quase sem virar para trás.)* Perdão, senhor juiz, mas é fundamental. Todos pensam que os árabes inventaram a goma-arábica. Não é verdade. É essencial também saber-se que não inventaram sequer os algarismos arábicos. A obra de seu gênio foi apenas o zero. O zero foi tudo que inventaram, magistrado. E Maomé, o seu profeta. O profeta do zero. E se reconheço que o zero é a coisa mais importante no universo – o zero ou tudo que tenha a sua forma: o zero, o círculo, a bola, o *(faz, com o dedo indicador e o polegar um sinal pornográfico imperceptível. Risos canalhas na assistência)* –, ainda assim isso em nada melhora o caráter do mascate.

Promotor – Diga se tem coragem: onde você estava e que é que você fazia no dia 13 de agosto de 1963, às oito e quarenta e cinco da noite? *(Hora, dia e ano devem ser os da representação.)*

HALTEROFILISTA – Desculpe se não consigo conciliar a hora, o dia, o mês e o ano. Minha memória tem um certo dia 13, um certo mês de agosto e uma hora parecida com a sua mas não consigo juntá-los. *(O padre Coração move-se no seu lugar, vai saindo.)*

CORAÇÃO – Com licença. Com licença.

PROMOTOR – Onde é que o senhor vai?

CORAÇÃO – Um instantinho só. *(Sai.)*

PROMOTOR – O senhor é desportista?

HALTEROFILISTA – Halterofilista. *(Orgulhoso.)* Trezentos quilos em levantamento, trezentos e quarenta em arremesso. Não bebo, não jogo e não fumo.

PROMOTOR – *(Para o público.)* Aí está. Tanta pureza junta só podia resultar em impureza grossa.

HALTEROFILISTA – *(Apertando os músculos.)* Devo não entender?

PROMOTOR – Vou lhe refrescar a memória. O senhor foi detido por um guarda dentro de um Volkswagen.

HALTEROFILISTA – Bom carro, o Fusca. Envenenado então...

PROMOTOR – Responda *sim* ou *não*. O senhor estava dentro do carro com o padre Coração.

HALTEROFILISTA – Não senhor, estava conversando...

Promotor – *(Para o público.)* Conversando... *(Risos.)*

Halterofilista – O senhor sabe como é tira. Acha qualquer atitude suspeita. Querem é enrustir algum, abusar da autoridade, encher.

Branca – Como é que estavam vestidos? O senhor tem que perguntar também como estavam vestidos. Por que só pergunta como a mulher estava vestida?

Promotor – *(Irritado.)* Como é que estavam vestidos?

Halterofilista – Eu de short. E o Barriguinha... também de short.

Branca – Eu não disse? Ambos os dois de short.

Advogado – *(Com um vago aceno de cabeça.)* O senhor reconhece nele o Barriguinha?

Halterofilista – Reconheci assim que entrei. Falei com ele. Mas ele refugou na pista. Essas coisas.

Coração – *(De pé, humilíssimo.)* Deve haver algum engano, senhores. Algum grande, sórdido engano. Eu nunca estive lá... Eu não poderia... Sou um homem muito conhecido... Extremamente... A imprensa toda é minha amiga... Só em minha paróquia duas mil e quatrocentas ovelhas... *(Promotor põe a mão nas costas do padre e faz com que ele se sente no lugar do halterofilista. Este vem para um canto, junto a outros personagens, começa a gesticular como quem conta vantagens. Branca se mete no meio, parece objetar qualquer coisa. Halterofilista lhe dá um bofetão. Os outros personagens recuam. Branca lhe oferece a outra face. Os dois ficam mais ou menos estáticos.)*

Açougueira – *(Se ajoelha diante do padre.)* A bênção, meu padre.

Coração – Deus te abençoe, minha filha.

Açougueira – Fique tranqüilo, padre, Jesus também sofreu na mão dos judeus.

Coração – Eu sei, minha filha, fui eu quem deu a notícia. Desci aos infernos no terceiro dia e estou sentado à mão esquerda de Deus.

Açougueira – Direita, meu padre.

Coração – Esquerda, minha filha. Os tempos mudaram. *(O promotor faz com que a açougueira saia.)*

Promotor – Padre Coração, o senhor reconhece que esteve lá, no local?

Coração – Coação, meu filho. Coação irresistível. Que pode um homem, frágil de corpo, mesmo ungido dos poderes de Deus, diante da truculência de um casal feroz?

Promotor – Não me refiro a isso. Não desvie do assunto. O senhor no tal Fusca... Volkswagen, com Sávio Cabral Nagib *(aponta ligeiramente)* vulgo Firula?

Coração – *(Muito mártir.)* Entendo. Entendo e explico. Quero esclarecer bem a situação e para isso torno clara a insinuação: esse pecado é hoje quase uma normalidade. Não pode ser um privilégio dos laicos.

General – *(Erguendo-se entusiasmado.)* Nem dos civis!

Promotor – O senhor estava no tal Fusca?

Coração – Não me lembro. Não posso me lembrar. *(Sofre pela humanidade.)* Tenho tantos problemas. Tantas pessoas que atendo todo dia, aqui e ali... Tantas crianças órfãs... Campanhas na televisão... Favelas... Como posso lembrar?

Promotor – Mas, padre, quando o polícia chegou o senhor saiu correndo feito um desesperado. Nagib foi preso, na delegacia confessou tudo. Estava realmente em sua companhia, apenas não sabia de sua... profissão. O hábito.

Coração – O hábito... Saí correndo porque ouvi gritos de socorro.

Promotor – Alguém gritou por socorro?

Alberto – Não é verdade. Nesse momento Olga cantava. E morreu sem um grito. Foi perfeita. Morreu como uma santa.

Coração – *(Faz um gesto de reprovação à palavra santa.)* Delegado! *(Pausa.)* Não falo de um grito exteriorizado. Senti que havia uma alma em apuros.

Promotor – Correu para ampará-la e depois curvou-se tranqüilamente ante uma ameaça medíocre. Um casal mediocremente armado fê-lo recuar de qualquer veleidade de auxílio.

Coração – Como assim? Salvei-lhe a alma! Dei-lhe a extrema-unção. Impedi-a de morrer sem o amparo de Deus; de ir para o inferno.

Promotor – Não diga, padre! Existe o inferno?

Coração – Meu filho, só existe o inferno!

Vários atores – *(Em conjunto.)* Veredicto! Veredicto!

João *(à parte)* – Queremos o veridictum!

Advogado de defesa – *(Curvando-se ao ouvido do juiz que está deitado na mesa, como quem dorme.)* Vossa magnanimidade, meritíssima pessoa – exigem o veredictum, a sentença.

Promotor – Não é possível. Ainda faltam inúmeros depoimentos. Sr. Juiz. Sr. Juiz. Onde está o juiz? *(Grita.)* Paulo Moral!

Todos – *(Em coro.)* – O juiz!

Advogado de defesa – *(Avançando para o grupo, compungido, como quem dá uma notícia fúnebre. Ao fundo vaga insinuação de marcha fúnebre.)* Sua excelência por um momento retirou-se em espírito. Respeitem o recesso de quem tem pela frente tão magna responsabilidade. A seção está suspensa temporariamente. *(Vão saindo todos de costas. Fica apenas o advogado de defesa, sentado sob um foco de luz, duro, à espera.)*

UMA RUA

(Paulo Moral e Sílvia passeiam. Sílvia, toda curva, puxa um cachorro bem pequeno e bem ridículo, amarrado com uma corda que dá a impressão de uma série de salsichas.)

Sílvia – Às vezes, nem me lembro. Sou do tempo em que se amarrava cachorro com lingüiça. *(Os dois se sentam num banco de praça, depois de Moral limpar* *cuidadosamente o lugar de Sílvia. Ele se senta sobre o lenço.)*

Moral – Que mania você tem de se fazer mais velha do que é. Por certos padrões você ainda é um broto. Quantos anos teria a rainha de Sabá se viva fosse? E o Coliseu? Você é muito jovem, ruivinha. E o que importa é que eu só desejo vê-la assim: toda enrugada e cheia de varizes. Em certo momento pensei mesmo que não me interessava mais por ti, que estava cheio; mas agora, até o fim, ficarei a teu lado. Enquanto você se foi aconteceram coisas...

Sílvia – Coisas.

Moral – Tantas coisas...

Sílvia – Tantas coisas.

Moral – ... Que você não sabe julgar. Nem eu. Nem ninguém. O que matou, o que correu. O que pensou que era falso e era verdadeiro, o que desistiu antes do tempo.

Sílvia – *(Intencional.)* O que prevaricou...

Moral – O que não foi quando devia ir e o que partiu quando devia ficar no posto do dever. Sou um homem antigo. Também sou um homem antigo como qualquer jovem.

Sílvia – Quando eu nasci vendiam escravos. Hoje ninguém mais compra escravos. E os escravos andam livres por aí sem ter onde colocar a sua escravidão. Havia pretos. E a mulher branca era de uma claridade de cegar. Naquele tempo eu era muito branca. Você gosta mesmo de mim?

Moral – Mais do que do direito romano. Falar verdade já não creio mais no direito romano. *(Dois maquinistas vêm retirar o banco.)*

Sílvia – *(Se levanta. Fica em pé, olhando o ar.)* Cai a tarde. Acho que é chegado o momento de te fazer uma comunicação grave, que jamais pensei poder fazer. Pois eu ia desaparecer.

Moral – *(Se levanta, fica ao lado dela, carinhoso.)* Você já me disse. *(Dá-lhe um longo beijo na nuca.)* Ah, quando eu era juiz francês não podia ver pescoço.

Sílvia – Juiz querido, é inacreditável. Eu não pensei que fosse mais possível...

Moral – Diz... *(Os dois maquinistas que vão carregando o banco param, escutam.)*

Sílvia – Moral, meu amor, eu estou grávida. *(Os dois maquinistas deixam cair o banco.)*

Moral – Oh, minha querida, você vai ser mãe? Você vai ter um filho?

Sílvia – *(Tímida e juvenil.)* Na minha idade, querido; que bobagem! O doutor me disse que vou ter um neto. Sempre quis tanto ter um neto. Um neto próprio, só meu, sem a odiosa interferência dos filhos, sem a longa e tediosa espera... *(Os dois se dão as mãos, se olham, vão saindo de mãos dadas pela esquerda. Os dois maquinistas vão saindo com o banco para a direita. Vai entrando o General, cheio de medalhas, dragonas, alamares. A manga esquerda sempre enfiada no bolso esquerdo do dólmã. Faz um gesto delicado mas firme.*

Os dois maquinistas deixam o banco, retiram-se de costas, respeitosamente.)

GENERAL – *(Pondo o pé calçado de botas e espora no banco. Para o público.)* Eu sou o General Neral. Sou o típico herói deste país. *(Toca no braço esquerdo.)* Perdi num lotação. Educado em balística, especialista em especialidades, príncipe da paz, evitei várias guerras. Evitei comparecer a várias guerras. Tenho, como todos os que não lutaram a meu lado, uma terrível neurose de paz. Lá em casa arroz não falta. A horda de civis aumenta a cada dia. Por mais militares que façamos sempre há mais civis. De nosso lado fazemos tudo o que podemos contra essa civilização. Conheci, na guerra de 14, um bom civil. Baixinho, mas bom. Agora, porém, diante de tanta corrupção, não sei o que faça. Pois embora general não me agrada generalizar. *(Os personagens que estavam todos ouvindo o General começam agora a se mover em pequenos movimentos, sob luz mais geral. Promotor avança.)*

PROMOTOR – *(Agora bem mais suave, bem mais coloquial, quase servil.)* O senhor é general do exército?

GENERAL – Eu sou o que se pode chamar um general sem pasta.

PROMOTOR – Foi o senhor quem descobriu a trama inteira?

GENERAL – Modéstia à parte, conheço carne humana. Quando olhei no meu prato, dei o grito. Comuniquei à imprensa, meti a coletiva, alertei os comandos, ordenei prontidão, vistoria geral, etapa paga em dobro, setenta por cento de aumento para os mais graduados que são os que mais sofrem... a responsabilidade enorme!

PROMOTOR – E o resultado?

GENERAL – Alarme absoluto e seiscentos civis presos. De açougue em açougue recolhemos 18 pares de gambe mutilati, catorze rins, muitos miúdos, seis corações maternos, artelhos, ovos. Foram identificados, pelos melhores técnicos de nossa aviação, um velho ator, uma atriz velha, uma putana, um vigarista húngaro, um escritor de esquerda, um vendedor Esso e um Texaco.

ADVOGADO DE DEFESA – Da Petrobrás, nenhum?

GENERAL – *(Acena que não.)* Conseguimos recompor oito donzelas, cinco guapos, uma velhinha, três senhoras gestantes, deixando de lado ainda alguns sobressalentes.

PROMOTOR – E o resto?

GENERAL – Para usar uma expressão da minha infância, o gato comeu.

PROMOTOR – Quem foi que comeu?

GENERAL – Um gato. Um símbolo felino de voracidade.

PROMOTOR – E o senhor acha, com sua extraordinária experiência, que as pessoas que praticaram esses atos são todas anormais?

GENERAL – Para usar outra expressão acomodada, esta agora estrangeira: *Chi-lo-sa?* Com tanta fome, uma inflação danada. Em dúbio, prendi-os todos. Fechei a rua, cerquei a cidade. Depois de tudo feito, chamei a polícia. Devo deixar aqui consignado na ordem do dia meu maior elogio à presteza e energia com que agiu o delegado Alberto, cuja argúcia e experiência permitiram localizar com maior rapidez todos os criminosos, cúmplices e testemunhas desta vasta trama.

ALBERTO – *(Saindo de um canto.)* Muito eloqüente, muito obrigado, general. Mas, se não fosse o senhor, eu jamais seria incriminado.

GENERAL – Não tem de quê. Retribua em seu relatório, por favor, que eu mandarei consignar em minha folha. É a sua deixa, delegado.

ALBERTO – *(Ao público.)* Esclareço em princípio que não tenho remorso. Ela morreu, bateu as botas, esticou as canelas, foi desta para melhor, descansa em paz. E quando eu a serrei, senti um prazer inteiramente novo. *(Estala os dedos. Flávia entra. Os dois passeiam.)*

PARQUE

FLÁVIA – Você não imagina como estou feliz. Pequei, zombei, droguei, roubei, vivi com um homem que não era meu, e afinal matei.

ALBERTO – Que bom te ouvir. Só falta a condenação, depois de tudo.

FLÁVIA – E logo a morte! Eu quero morrer logo olhando com desdém para os que ficam, os que ainda vão esperar anos e anos por essa surpresa viagem à Europa. Não sou uma mulher realizada?

ALBERTO – Te dei a maior experiência anterior e sou feliz por isso. Matar é tão moderno.

FLÁVIA – Não está nem um pouco arrependido?

ALBERTO – O arrependimento é um sentimento antigo. Ai! *(Pega a nuca.)* Apenas uma ou outra pontada, aqui e aqui assim. É natural, pois não? Não é aqui que dói o arrependimento?

FLÁVIA – Creio que é. Dizem que sim. Não sei. Não sinto. Sinto só, e confesso, um pouquinho de medo. Um medo que nunca ninguém teve. *(Pausa. Estão chegando em casa.)* Então, para evitar o tédio dessa espera, a leitura ansiosa dos jornais cada manhã, vou te dizer que fiz o teste da rã.

ALBERTO – E ela saltou, a rã?

FLÁVIA – Sim, querido, eu vou ser mãe.

ALBERTO – Amor de minha vida, você não pode imaginar minha felicidade.

FLÁVIA – Pelo amor de teu Deus, Alberto. Não pense que o filho que vou ter possa ser teu. Nem dava tempo!

BRANCA – *(Surgindo.)* Dr. Alberto, o jantar está na mesa. *(No momento em que ela diz isso surge a mesa. Iluminada na parede a Santa Onório. Alberto ajuda Flávia a sentar-se. Senta-se depois muito "bem". Branca ajeita ainda algumas coisas na mesa, se retira.)*

Alberto – Estou cada vez menos convencional, não estou, querida? Nem pareço o mesmo.

Flávia – Estou começando a achar você realmente notável. Sua calma, sua tranqüilidade. Talvez o homem novo necessário no mundo novo não seja um jovem.

Alberto – Você torna a me chamar de velho.

Flávia – Apenas no sentido cronológico. Mas um homem que atingiu o estado da suprema juventude que é a trégua, a paz, o cinismo da maturidade. Na verdade, querido, eu nunca vi ninguém tão jovem assim. Você está até... lindo. *(Grita.)* Lindo.

Alberto – *(Sorri, satisfeito.)* Sabe? *(Põe a mão no cangote.)* A pontada me passou inteiramente. *(Come um pedaço de carne, saboreando com enorme prazer, quase babando.)* Humm, esse filé está delicioso! *(Saboreia bem.)* Nunca comi uma carne assim macia. Prova! Prova!

Flávia – Deus me livre: detesto carne de vaca. *(Entram o General e seus soldados. Flávia e Alberto olham para as autoridades que chegam. Alberto soergue o corpo, enquanto o General levanta o prato dele, olha. A luz se apaga lentamente enquanto se ouvem vozes fora: "Veredicto! Veredicto!" A luz do tribunal se acende lentamente.)*

TRIBUNAL

Todos os atores *(em coro)* – Veredicto! A sentença! Veredicto!

Promotor – Vê se o juiz voltou. *(O advogado de defesa bate várias vezes nas costas de Paulo Moral, como quem bate na porta. Ouvem-se as batidas secas. Moral levanta lentamente a cabeça, depois o corpo, se espreguiça.)*

Moral – Que foi?

Promotor – Meritíssimo, exigem o veredicto imediato. Mas faltam ainda várias testemunhas, e V. Excelência dormiu boa parte do tempo. Deveria pelo menos ouvir a gravação dos últimos depoimentos.

Moral – Não é necessário.

Promotor – Sem esses depoimentos a justiça é impossível.

Moral – *(Num acesso de fúria.)* Se pretendem que a justiça impere então eu me retiro. *(Espera. Pigarreia. Parece muito doente.)* O senhor, um homem experiente, sabe muito bem que nada disso tem a mínima importância. Bom juiz, íntegro e cético, sei que os depoimentos, audiências, testemunhos, são apenas uma encenação necessária ao mito da Justiça. Mas quem é que vai ditar justiça? Eu! E por quê? Porque sou um homem de bem. Observem, senhores, examinem *(se apalpa)*, apalpem a anatomia de um homem de bem! *(Faz gesto com a mão para o promotor se aproximar* *mais. Fala baixo):* Se me aplicam o código, mesmo sem muito rigor, eu pego pelo menos trinta anos. E sou um meritíssimo. *(Alto e digno.)* É bom que saibam de uma vez por todas: dormi tranqüilo enquanto depoíam – depoíam? – porque já vim com opinião formada, juízo feito, sentença formulada. Até algumas frases decoradas para o brilho formal de tão grave momento. Já fui de tal modo influenciado pela opinião pública, pela imprensa, pela televisão, por minha esposa, que nada do que aconteça aqui, nenhuma prova que se mostre, nenhum argumento, por mais profundo, contundente, ou mesmo verdadeiro, poderá abalar minha convicção, minha fé já trazida de casa na marmita. A não ser um mal súbito, uma dor de barriga inesperada ou uma réplica mais grosseira que me humilhe, atinja minha vaidade – qualquer coisa, enfim, que me obrigue à precipitação ou impaciência –, nada modificará meu julgamento.

PROMOTOR – Bela maneira de julgar.

MORAL – Essa é uma das grosserias de que falo. *(O ator Ivo-Country-Boy, agora com outra indumentária, entra distribuindo jornais inclusive na primeira fila do teatro – onde se lê, em letras garrafais: "Condenados a trinta anos todos os autores do crime das caixas".)*

ADVOGADO DE DEFESA – Senhor Juiz, a imprensa tenta desesperadamente influenciar o júri. *(Moral estende a mão, apanha jornal.)*

MORAL – Não há perigo: eu dispensei o júri. *(Vozerio. Todos estranham a decisão.)* O júri é um conjunto de irresponsáveis que não me interessa. Nem a mim nem a ninguém. Alguém precisa arcar com a responsabilidade de justiça. Aqui está minha sentença: *(Ergue o corpo, apóia-se com os dois braços na mesa. Faz um enorme esforço.)* Estão todos absolvidos! São todos inocentes! *(Todos satisfeitos. Exceto Promotor e Flávia. Vozes: "Muito bem!" O General apanha um enorme ovo na cadeira de Moral. Exibe-o para todo o mundo, anuncia, triunfante.)*

General – Senhores, senhores! *(Silêncio geral, expectativa.)* Atenção senhores: sua excelência pôs um ovo! *(Conjunto: OHHHHHHH.)*

Moral – Deixe de ser idiota. Isso é um ovo de Páscoa que comprei pra minha mulher.

Flávia – *(Para o Promotor. Desesperada.)* O sr. tem que apelar. Tem que apelar. *(Grita.)* Eu cometi um crime! Eu confessei e aqui ninguém me ouviu. Devo ser condenada.

Moral – Disse e repito: você é inocente.

Flávia – Senhor Juiz, nunca fui inocente. Nunca! Nunca! *(Desesperada.)* Quando eu nasci já vim com a folha de parreira! É uma injustiça inominável; nos Estados Unidos...

Moral – De hoje em diante os Estados Unidos passam a aprender comigo. Sua sentença está dita: liberdade perpétua, sem condicional, até o fim da vida. *(Flávia retira-se para um canto, amparada por Alberto. Chora no peito dele.)*

Promotor – Vou apelar dessa sentença. Não é possível...

Moral – Tudo é possível agora. E estão todos soltos. O crime é livre. Pela primeira vez na história o crime é livre. A partir desta data memorável, desta noite e desta hora, o crime é livre. Eu sentia que o dia vinha vindo. Eu sentia que o dia chegaria. *(Berra.) O Cri-me é li-vre!* Já o era antes, mas em sentença sou eu o primeiro a declará-lo. Apele o que quiser, para quem queira, que o que eu disser aqui ninguém me tira. É precedente e é analogia. Minha sentença é irreversível. Sou no momento o Juiz dos Juízes, a suprema vontade sobre a terra. São livres todos os que mataram. Tão livres quanto os que morreram. Só assim a justiça será igual pra todos. *(Longa pausa. Todos parados. Moral, um pouco mais coloquial.)* Prendam apenas o negro, por ser negro. *(O General põe imediatamente a mão sobre o negro que baixa a cabeça.)* Ah, por mais 2.000 anos ainda serão condenados por nossos padrões brancos. É um vício em nós tão arraigado. Será submetido à pena capital, espancamento, ao laço, à solitária, à guilhotina e tudo mais que houver na Enciclopédia.

Coração – Cuidado, Paulo Moral, Deus já não é tão branco. *(Aponta.)* É o único totalmente inocente.

Moral – Absolvo o inocente e ele exige mais e mais! Os inocentes são insaciáveis. Está condenado!

Negro – Raça sem cor! Raça sem cor!

Promotor – Senhor Juiz – é uma loucura.

Moral – Não há mais loucura neste mundo. O homem adquiriu o sentimento da folia extrema; aprendeu que o que faz só tem valor acima dos limites do que compreende.

Promotor – Não há amparo legal.

Moral – A lei ficou tempo demais, demais estática. O que aplicamos pertence a Hamurabi, tem 6.000 anos. E o homem moderno nada tem de babilônico, a não ser as barbichas, que voltaram.

Promotor – Não há direito que possa...

Moral – Ninguém pode dizer com consciência. Se estima, calcula, estabelece, estipula, impõe, e etcetera. Mas de repente um ser humano se abre em flor, depois de ser criminoso. Li todos os códigos, leis, decretos, parágrafos, tópicos, emendas, itens, apelos, acórdãos, apostilas... *(pausa)* e botei tudo fora. Vi assassinos limpos torturados nas mãos dos sacerdotes... *(Olha vagamente o padre.)*

Coração – Senhor...

Promotor – *(Sem força.)* Não há motivação.

Moral – Quem mata mata; esse motivo basta. Por ciúme que não se repetirá, pois o móvel está morto. E pois não adianta condená-lo. O próximo assassino e ciumento é um com cara de corninho em quem nem cogitamos. Usura, descuido, violência, qualquer motivo vale. Cobiça, medo, roubo, estupro, qualquer é um bom motivo. Por excesso de amor, tesão, luxúria. Eu não vou condenar os que se comem, nem os que matam por não poder fazê-lo!

Promotor – Nenhuma contenção então? O que será do mundo?

Moral – O que será do mundo? O que tem sido dele. É preciso ampliá-lo, dar o direito de matar aos que apreciam esse saudável esporte. Vinte e cinco milhões de mortos nesta guerra não me deixaram a menor saudade. Não me fizeram a mais remota falta. A ti fizeram, promotor amigo?

Promotor – Mas guerra é guerra.

Moral – A paz é mais terrível. A paz não acaba nunca. Pra um que morre em guerra 10.000 morrem na paz. A guerra ao menos mata logo. A paz nos mata dia a dia. *(À parte.)* Maldita paz doméstica! Eu absolvo a todos!

Promotor – Esse sofisma é um desrespeito à inteligência da promotoria.

Moral – Tantas leis contra a morte e nenhuma contra a chateação como essa sua. Ah, não há lei para a chateação mortal de todo dia. Digam os que são casados: Eu minto ou falo certo? Digam todos! Eu exagero ou concordam logo que falo em nome da mais clara verdade?

Todos juntos – *(Menos Noronha, o Promotor e Flávia.)* Olé!

Moral – E se precisa lhe dou letra e sentido para a necessidade do seu credo.

Promotor – *(Para todos.)* E essa agora?

Moral – Os criminosos, como a imprensa corrompida, teimam em chamá-los enquanto não há lei que impeça essa antiga e maldita liberdade, eram os mais vários, mas traziam entre si uma fatal ligação, idéia que está no ar e é de todos. *(Longa espera.)*

Promotor – E essa idéia?

Moral – A eutanásia, vossa altíssima, reverendíssima, meritíssima pessoa.

Todos – *(Em conjunto, menos Flávia, Noronha e Promotor.)* Olé!

Promotor – Mas, como, aqui ninguém sofria?!

Moral – A eutanásia *espiritual*!

Todos – *(Menos Flávia, Noronha e Promotor.)* Olé!

Promotor – Mas o morto ou a morta, os mortos ou as mortas, nem sabiam que algo se tramava, que eram traídos no amor, nos sentimentos.

Moral – A Eutanásia *Espiritual Preventiva*!

Todos – *(Menos Noronha, Promotor, Flávia e Alberto.)* Olé! *(Flávia agora cai aos pés de Alberto chorando.)*

Promotor – É inútil atacar o obstinado. Vou apelar prum Tribunal mais alto.

Moral – Eu subirei o Empire State, julgarei do Himalaia.

Promotor – Explicarei ao povo.

Moral – Vai pra televisão e fala ao povo nesse teu esperanto que todos ouvirão senegalês. Pede ao computador. Explica ao Papa.

Promotor – Ao Papa. Ao Papa. Direi a Paulo VI.

Moral – Dá um recado a ele: se quer ficar na história que se cuide: o próximo Papa vem com o motor atrás.

Promotor – Irei a Mao-Tsé, esse poder contrário.

Moral – *(Pega um papel na mesa.)* Mao-Tsé me mandou um telegrama, aplaudindo a sentença. Esse me compreende, sabe o que estou dizendo. Que nosso irmão querido é uma ameaça no espaço. Constante. Nos roça mais de que devia. Nos aperta mais do que podia. É isso; já nos aperta. Já somos gente demais. Assim, se não temos coragem de fazer uma eliminação sumária, é preciso ao menos estimular os que têm e eliminam. *(Bem coloquial.)* Inda ontem mesmo estava eu às seis horas da tarde na Avenida Copacabana e o fantasma da superpopulação esbarrou no meu braço. Quase me estrangulou. E além de tanta gente chafurdando nas ruas, milhões no aconchego de alcovas, camas de randevus e até leitos burgueses preparando mais gente. Mais gente e mais, mais gente, muito mais, muito mais gente. Até minha velha senhora espera um neto! Alguém pode evitar que se procrie? *(Quase gritando.)* Eu absolvo todos! São todos livres para o novo exemplo. Vocês sabem, vocês sentem, se já não sentiam, se já não sabiam: o homem abdicou da alma. O avião da asa. Vem aí o omelete sem ovo! *(Assina, rápido, um papel com uma grande pena de ave, colorida. Em tom geral.)* Ide, missa est.

Promotor – *(No mesmo tom gritando.)* Está completamente louco. Não permito que lavre essa sentença! Vou apelar, nem que seja pra Deus, diretamente.

Moral – Deus no sétimo dia descansou, no oitavo foi destituído. Houve uma luta terrível e o Bem morreu. O céu está calçado de más intenções. *(Pega o papel que assinou, entrega-o ao advogado de defesa.)*

Promotor – *(Num movimento de quem vai atacar.)* Pela última vez, Paulo Moral, escuta: você não pode fazer isso! *(Moral se levanta, furioso, mas contido. O promotor vai recuando de costas, lento, enquanto Moral avança e dá volta à mesa. Se encosta na mesa, bem no centro do palco, de frente para o público. De costas para o público, também bem no centro do palco, o promotor pára, quando Moral pára, encostado na mesa. Todos os outros personagens divididos nas duas laterais.)*

Moral – *(Em tom terrível.)* Posso. Pelas chagas de um Cristo fracassado, posso. Posso pelos princípios da força e da fraqueza. Posso por uma visão essencial da Queda. Pela felicidade que poucos merecem e menos compreendem também posso. Posso pois voltei ao Sinai e trouxe tábuas de matéria plástica. Novas revelações, novas palavras, novos vícios, erros novos. Quem será condenado se de repente explodir um astronauta e podre e em fragmentos ficar em torno de nós girando o seu fedor por toda a Eternidade? Quem será condenado? Belle époque, lei seca, padrão-ouro, melindrosas, não morrestes em vão! O fogo é fresco, a água seca; o infinito uma limitação. Pela última dor do ser humano, posso. Posso por Hiroshima, amor de *mis amores*. Posso. Eu, Paulo Belmonte Joaquim Moral, juiz, posso. Pelo direito infernal, pela Santa Moral, por algo que me dói aqui no peito, pelos dez mandamentos idiotas, pela jura de Hipócrates hipócrita, por todos os códigos jamais feitos, pelo feroz direito da impotência, posso. Meritíssimo, posso. Posso até fazer nascer um dia novo! *(Sem transição, apenas mudando de tom.)* E além disso estou armado. *(Puxa violentamente uma* Lugger *da toga. Arma-a com ruído violento. Avança lenta e firmemente para a frente. O Promotor vai recuando rapidamente, some. Moral continua avançando, com o olhar firme no público. Quando atinge a linha do proscênio o pano cai.)*

FIM

SOBRE O AUTOR I
(por ele mesmo)

Millôr Fernandes nasceu. Todo o seu aprendizado, desde a mais remota infância. Só aos 13 anos de idade, partindo de onde estava. E também mais tarde, já homem formado. No jornalismo e nas artes gráficas, especialmente. Sempre, porém, recusou-se, ou como se diz por aí. Contudo, no campo teatral, tanto então quanto agora. Sem a menor sombra de dúvida. Em todos seus livros publicados vê-se a mesma tendência. Nunca, porém diante de reprimidos. De 78 a 89, janeiro a fevereiro. De frente ou de perfil, como percebeu assim que terminou seu curso secundário. Quando o conheceu em Lisboa, o ditador Salazar, o que não significa absolutamente nada. Um dia, depois de um longo programa de televisão, foi exatamente o contrário. Amigos e mesmo pessoas remotamente interessadas – sem temor nenhum. Onde e como, mas talvez, talvez – Millôr, porém, nunca. Isso para não falar em termos públicos. Mas, ao ser premiado, disse logo bem alto – e realmente não falou em vão. Entre todos os tradutores brasileiros. Como ninguém ignora. De resto, sempre, até o Dia a Dia. (M.F.)

SOBRE O AUTOR II
(Autobiografia de mim mesmo à maneira de mim próprio)

E lá vou eu de novo, sem freio nem paraquedas. Saiam da frente, ou debaixo que, se não estou radioativo, muito menos estou radiopassivo. Quando me sentei para escrever vinha tão cheio de ideias que só me saíam gêmeas, as palavras – reco-reco, tatibitate, ronronar, coré-coré, tom-tom, rema-rema, tintim por tintim. Fui obrigado a tomar uma pílula anticoncepcional. Agora estou bem, já não dói nada. Quem é que sou eu? Ah, que posso dizer? Como me espanta! Já não se fazem Millôres como antigamente! Nasci pequeno e cresci aos poucos. Primeiro me fizeram os meios e, depois, as pontas. Só muito tarde cheguei aos extremos. Cabeça, tronco e membros, eis tudo. E não me revolto. Fiz três revoluções, todas perdidas. A primeira contra Deus, e ele me venceu com um sórdido milagre. A segunda com o destino, e ele me bateu, deixando-me só com seu pior enredo. A terceira contra mim mesmo, e a mim me consumi, e vim parar aqui. ... Dou um boi pra não entrar numa briga. Dou uma boiada pra sair dela. ...Aos quinze (anos) já era famoso em várias partes do mundo, todas elas no Brasil. Venho, em linha reta, de espanhóis e italianos. Dos espanhóis herdei a natural tentação do bravado, que já me levou a procurar colorir a vida com outras cores: céu feito de conchas de metal roxo e abóbora, mar todo vermelho, e mulheres azuis, verdes, ciclames. Dos italianos que, tradicionalmente, dão para engraxates ou artistas, eu consegui conciliar as duas qualidades, emprestando um brilho novo ao humor nativo. Posso dizer que todo o País já riu de mim, embora poucos tenham rido do que é meu. Sou um crente, pois creio firmemente na descrença. ...Creio que a terra é chata. Procuro em vão não sê-lo. ...Tudo o que não sei sempre ignorei sozinho. Nunca ninguém me ensinou a pensar, a escrever ou a desenhar, coisa que se percebe facilmente, examinando qualquer dos meus trabalhos. A esta altura da vida, além de descendente e vivo, sou, também, antepassado. É bem verdade que, como Adão e Eva, depois de comerem a maçã, não registraram a ideia, daí em diante qualquer imbecil se achou no direito de fazer o mesmo. Só posso dizer, em abono meu, que ao repetir o Senhor, eu me empreguei a fundo. Em suma: um humorista nato. Muita gente, eu sei, preferiria que eu fosse um humorista morto, mas isso virá a seu tempo. Eles não perdem por esperar. Há pouco tempo um jornal publicou que Millôr estava todo cheio de si por ter recebido, em sua casa, uma carta de um leitor que estava assim sobrescritada: "Millôr Ipanema". É a glória! (M.F.)

Coleção L&PM POCKET

651. **Snoopy: Posso fazer uma pergunta, professora? (5)** – Charles Schulz
652(10). **Luís XVI** – Bernard Vincent
653. **O mercador de Veneza** – Shakespeare
654. **Cancioneiro** – Fernando Pessoa
655. **Non-Stop** – Martha Medeiros
656. **Carpinteiros, levantem bem alto a cumeeira & Seymour, uma apresentação** – J.D.Salinger
657. **Ensaios céticos** – Bertrand Russell
658. **O melhor de Hagar 5** – Dik e Chris Browne
659. **Primeiro amor** – Ivan Turguêniev
660. **A trégua** – Mario Benedetti
661. **Um parque de diversões da cabeça** – Lawrence Ferlinghetti
662. **Aprendendo a viver** – Sêneca
663. **Garfield, um gato em apuros (9)** – Jim Davis
664. **Dilbert (1)** – Scott Adams
666. **A imaginação** – Jean-Paul Sartre
667. **O ladrão e os cães** – Naguib Mahfuz
669. **A volta do parafuso** *seguido de* **Daisy Miller** – Henry James
670. **Notas do subsolo** – Dostoiévski
671. **Abobrinhas da Brasilônia** – Glauco
672. **Geraldão (3)** – Glauco
673. **Piadas para sempre (3)** – Visconde da Casa Verde
674. **Duas viagens ao Brasil** – Hans Staden
676. **A arte da guerra** – Maquiavel
677. **Além do bem e do mal** – Nietzsche
678. **O coronel Chabert** *seguido de* **A mulher abandonada** – Balzac
679. **O sorriso de marfim** – Ross Macdonald
680. **100 receitas de pescados** – Sílvio Lancellotti
681. **O juiz e seu carrasco** – Friedrich Dürrenmatt
682. **Noites brancas** – Dostoiévski
683. **Quadras ao gosto popular** – Fernando Pessoa
685. **Kaos** – Millôr Fernandes
686. **A pele de onagro** – Balzac
687. **As ligações perigosas** – Choderlos de Laclos
689. **Os Lusíadas** – Luís Vaz de Camões
690(11). **Átila** – Éric Deschodt
691. **Um jeito tranquilo de matar** – Chester Himes
692. **A felicidade conjugal** *seguido de* **O diabo** – Tolstói
693. **Viagem de um naturalista ao redor do mundo** – vol. 1 – Charles Darwin
694. **Viagem de um naturalista ao redor do mundo** – vol. 2 – Charles Darwin
695. **Memórias da casa dos mortos** – Dostoiévski
696. **A Celestina** – Fernando de Rojas
697. **Snoopy: Como você é azarado, Charlie Brown! (6)** – Charles Schulz
698. **Dez (quase) amores** – Claudia Tajes
699. **Poirot sempre espera** – Agatha Christie
701. **Apologia de Sócrates** *precedido de* **Êutifron e** *seguido de* **Críton** – Platão
702. **Wood & Stock** – Angeli
703. **Striptiras (3)** – Laerte
704. **Discurso sobre a origem e os fundamentos da desigualdade entre os homens** – Rousseau
705. **Os duelistas** – Joseph Conrad
706. **Dilbert (2)** – Scott Adams
707. **Viver e escrever** (vol. 1) – Edla van Steen
708. **Viver e escrever** (vol. 2) – Edla van Steen
709. **Viver e escrever** (vol. 3) – Edla van Steen
710. **A teia da aranha** – Agatha Christie
711. **O banquete** – Platão
712. **Os belos e malditos** – F. Scott Fitzgerald
713. **Libelo contra a arte moderna** – Salvador Dalí
714. **Akropolis** – Valerio Massimo Manfredi
715. **Devoradores de mortos** – Michael Crichton
716. **Sob o sol da Toscana** – Frances Mayes
717. **Batom na cueca** – Nani
718. **Vida dura** – Claudia Tajes
719. **Carne trêmula** – Ruth Rendell
720. **Cris, a fera** – David Coimbra
721. **O anticristo** – Nietzsche
722. **Como um romance** – Daniel Pennac
723. **Emboscada no Forte Bragg** – Tom Wolfe
724. **Assédio sexual** – Michael Crichton
725. **O espírito do Zen** – Alan W.Watts
726. **Um bonde chamado desejo** – Tennessee Williams
727. **Como gostais** *seguido de* **Conto de inverno** – Shakespeare
728. **Tratado sobre a tolerância** – Voltaire
729. **Snoopy: Doces ou travessuras? (7)** – Charles Schulz
730. **Cardápios do Anonymus Gourmet** – J.A. Pinheiro Machado
731. **100 receitas com lata** – J.A. Pinheiro Machado
732. **Conheça o Mário?** vol.2 – Santiago
733. **Dilbert (3)** – Scott Adams
734. **História de um louco amor** *seguido de* **Passado amor** – Horacio Quiroga
735(11). **Sexo: muito prazer** – Laura Meyer da Silva
736(12). **Para entender o adolescente** – Dr. Ronald Pagnoncelli
737(13). **Desembarcando a tristeza** – Dr. Fernando Lucchese
738. **Poirot e o mistério da arca espanhola & outras histórias** – Agatha Christie
739. **A última legião** – Valerio Massimo Manfredi
740. **Sol nascente** – Michael Crichton
741. **Duzentos ladrões** – Dalton Trevisan
742. **Os devaneios do caminhante solitário** – Rousseau
743. **Garfield, o rei da preguiça (10)** – Jim Davis
744. **Os magnatas** – Charles R. Morris
745. **Pulp** – Charles Bukowski
746. **Enquanto agonizo** – William Faulkner
747. **Aline: viciada em sexo (3)** – Adão Iturrusgarai
748. **A dama do cachorrinho** – Anton Tchékhov

750. **Tito Andrônico** – Shakespeare
751. **Antologia poética** – Anna Akhmátova
752. **O melhor de Hagar 6** – Dik e Chris Browne
753. (12).**Michelangelo** – Nadine Sautel
754. **Dilbert (4)** – Scott Adams
755. **O jardim das cerejeiras** *seguido de* **Tio Vânia** – Tchékhov
756. **Geração Beat** – Claudio Willer
757. **Santos Dumont** – Alcy Cheuiche
758. **Budismo** – Claude B. Levenson
759. **Cleópatra** – Christian-Georges Schwentzel
760. **Revolução Francesa** – Frédéric Bluche, Stéphane Rials e Jean Tulard
761. **A crise de 1929** – Bernard Gazier
762. **Sigmund Freud** – Edson Sousa e Paulo Endo
763. **Império Romano** – Patrick Le Roux
764. **Cruzadas** – Cécile Morrisson
765. **O mistério do Trem Azul** – Agatha Christie
768. **Senso comum** – Thomas Paine
769. **O parque dos dinossauros** – Michael Crichton
770. **Trilogia da paixão** – Goethe
773. **Snoopy: No mundo da lua! (8)** – Charles Schulz
774. **Os Quatro Grandes** – Agatha Christie
775. **Um brinde de cianureto** – Agatha Christie
776. **Súplicas atendidas** – Truman Capote
779. **A viúva imortal** – Millôr Fernandes
780. **Cabala** – Roland Goetschel
781. **Capitalismo** – Claude Jessua
782. **Mitologia grega** – Pierre Grimal
783. **Economia: 100 palavras-chave** – Jean-Paul Betbèze
784. **Marxismo** – Henri Lefebvre
785. **Punição para a inocência** – Agatha Christie
786. **A extravagância do morto** – Agatha Christie
787. (13).**Cézanne** – Bernard Fauconnier
788. **A identidade Bourne** – Robert Ludlum
789. **Da tranquilidade da alma** – Sêneca
790. **Um artista da fome** *seguido de* **Na colônia penal e outras histórias** – Kafka
791. **Histórias de fantasmas** – Charles Dickens
796. **O Uruguai** – Basílio da Gama
797. **A mão misteriosa** – Agatha Christie
798. **Testemunha ocular do crime** – Agatha Christie
799. **Crepúsculo dos ídolos** – Friedrich Nietzsche
802. **O grande golpe** – Dashiell Hammett
803. **Humor barra pesada** – Nani
804. **Vinho** – Jean-François Gautier
805. **Egito Antigo** – Sophie Desplancques
806. (14).**Baudelaire** – Jean-Baptiste Baronian
807. **Caminho da sabedoria, caminho da paz** – Dalai Lama e Felizitas von Schönborn
808. **Senhor e servo e outras histórias** – Tolstói
809. **Os cadernos de Malte Laurids Brigge** – Rilke
810. **Dilbert (5)** – Scott Adams
811. **Big Sur** – Jack Kerouac
812. **Seguindo a correnteza** – Agatha Christie
813. **O álibi** – Sandra Brown
814. **Montanha-russa** – Martha Medeiros
815. **Coisas da vida** – Martha Medeiros
816. **A cantada infalível** *seguido de* **A mulher do centroavante** – David Coimbra
819. **Snoopy: Pausa para a soneca (9)** – Charles Schulz
820. **De pernas pro ar** – Eduardo Galeano
821. **Tragédias gregas** – Pascal Thiercy
822. **Existencialismo** – Jacques Colette
823. **Nietzsche** – Jean Granier
824. **Amar ou depender?** – Walter Riso
825. **Darmapada: A doutrina budista em versos**
826. **J'Accuse...!** – a verdade em marcha – Zola
827. **Os crimes ABC** – Agatha Christie
828. **Um gato entre os pombos** – Agatha Christie
831. **Dicionário de teatro** – Luiz Paulo Vasconcellos
832. **Cartas extraviadas** – Martha Medeiros
833. **A longa viagem de prazer** – J. J. Morosoli
834. **Receitas fáceis** – J. A. Pinheiro Machado
835. (14).**Mais fatos & mitos** – Dr. Fernando Lucchese
836. (15).**Boa viagem!** – Dr. Fernando Lucchese
837. **Aline: Finalmente nua!!! (4)** – Adão Iturrusgarai
838. **Mônica tem uma novidade!** – Mauricio de Sousa
839. **Cebolinha em apuros!** – Mauricio de Sousa
840. **Sócios no crime** – Agatha Christie
841. **Bocas do tempo** – Eduardo Galeano
842. **Orgulho e preconceito** – Jane Austen
843. **Impressionismo** – Dominique Lobstein
844. **Escrita chinesa** – Viviane Alleton
845. **Paris: uma história** – Yvan Combeau
846. (15).**Van Gogh** – David Haziot
848. **Portal do destino** – Agatha Christie
849. **O futuro de uma ilusão** – Freud
850. **O mal-estar na cultura** – Freud
853. **Um crime adormecido** – Agatha Christie
854. **Satori em Paris** – Jack Kerouac
855. **Medo e delírio em Las Vegas** – Hunter Thompson
856. **Um negócio fracassado e outros contos de humor** – Tchékhov
857. **Mônica está de férias!** – Mauricio de Sousa
858. **De quem é esse coelho?** – Mauricio de Sousa
860. **O mistério Sittaford** – Agatha Christie
861. **Manhã transfigurada** – L. A. de Assis Brasil
862. **Alexandre, o Grande** – Pierre Briant
863. **Jesus** – Charles Perrot
864. **Islã** – Paul Balta
865. **Guerra da Secessão** – Farid Ameur
866. **Um rio que vem da Grécia** – Cláudio Moreno
868. **Assassinato na casa do pastor** – Agatha Christie
869. **Manual do líder** – Napoleão Bonaparte
870. (16).**Billie Holiday** – Sylvia Fol
871. **Bidu arrasando!** – Mauricio de Sousa
872. **Os Sousa: Desventuras em família** – Mauricio de Sousa
874. **E no final a morte** – Agatha Christie
875. **Guia prático do Português correto – vol. 4** – Cláudio Moreno
876. **Dilbert (6)** – Scott Adams
877. (17).**Leonardo da Vinci** – Sophie Chauveau

878. **Bella Toscana** – Frances Mayes
879. **A arte da ficção** – David Lodge
880. **Striptiras (4)** – Laerte
881. **Skrotinhos** – Angeli
882. **Depois do funeral** – Agatha Christie
883. **Radicci 7** – Iotti
884. **Walden** – H. D. Thoreau
885. **Lincoln** – Allen C. Guelzo
886. **Primeira Guerra Mundial** – Michael Howard
887. **A linha de sombra** – Joseph Conrad
888. **O amor é um cão dos diabos** – Bukowski
890. **Despertar: uma vida de Buda** – Jack Kerouac
891.(18). **Albert Einstein** – Laurent Seksik
892. **Hell's Angels** – Hunter Thompson
893. **Ausência na primavera** – Agatha Christie
894. **Dilbert (7)** – Scott Adams
895. **Ao sul de lugar nenhum** – Bukowski
896. **Maquiavel** – Quentin Skinner
897. **Sócrates** – C.C.W. Taylor
899. **O Natal de Poirot** – Agatha Christie
900. **As veias abertas da América Latina** – Eduardo Galeano
901. **Snoopy: Sempre alerta! (10)** – Charles Schulz
902. **Chico Bento: Plantando confusão** – Mauricio de Sousa
903. **Penadinho: Quem é morto sempre aparece** – Mauricio de Sousa
904. **A vida sexual da mulher feia** – Claudia Tajes
905. **100 segredos de liquidificador** – José Antonio Pinheiro Machado
906. **Sexo muito prazer 2** – Laura Meyer da Silva
907. **Os nascimentos** – Eduardo Galeano
908. **As caras e as máscaras** – Eduardo Galeano
909. **O século do vento** – Eduardo Galeano
910. **Poirot perde uma cliente** – Agatha Christie
911. **Cérebro** – Michael O'Shea
912. **O escaravelho de ouro e outras histórias** – Edgar Allan Poe
913. **Piadas para sempre (4)** – Visconde da Casa Verde
914. **100 receitas de massas light** – Helena Tonetto
915.(19). **Oscar Wilde** – Daniel Salvatore Schiffer
916. **Uma breve história do mundo** – H. G. Wells
917. **A Casa do Penhasco** – Agatha Christie
919. **John M. Keynes** – Bernard Gazier
920.(20). **Virginia Woolf** – Alexandra Lemasson
921. **Peter e Wendy** *seguido de* **Peter Pan em Kensington Gardens** – J. M. Barrie
922. **Aline: numas de colegial (5)** – Adão Iturrusgarai
923. **Uma dose mortal** – Agatha Christie
924. **Os trabalhos de Hércules** – Agatha Christie
926. **Kant** – Roger Scruton
927. **A inocência do Padre Brown** – G.K. Chesterton
928. **Casa Velha** – Machado de Assis
929. **Marcas de nascença** – Nancy Huston
930. **Aulete de bolso**
931. **Hora Zero** – Agatha Christie
932. **Morte na Mesopotâmia** – Agatha Christie
934. **Nem te conto, João** – Dalton Trevisan
935. **As aventuras de Huckleberry Finn** – Mark Twain
936.(21). **Marilyn Monroe** – Anne Plantagenet
937. **China moderna** – Rana Mitter
938. **Dinossauros** – David Norman
939. **Louca por homem** – Claudia Tajes
940. **Amores de alto risco** – Walter Riso
941. **Jogo de damas** – David Coimbra
942. **Filha é filha** – Agatha Christie
943. **M ou N?** – Agatha Christie
945. **Bidu: diversão em dobro!** – Mauricio de Sousa
946. **Fogo** – Anaïs Nin
947. **Rum: diário de um jornalista bêbado** – Hunter Thompson
948. **Persuasão** – Jane Austen
949. **Lágrimas na chuva** – Sergio Faraco
950. **Mulheres** – Bukowski
951. **Um pressentimento funesto** – Agatha Christie
952. **Cartas na mesa** – Agatha Christie
954. **O lobo do mar** – Jack London
955. **Os gatos** – Patricia Highsmith
956.(22). **Jesus** – Christiane Rancé
957. **História da medicina** – William Bynum
958. **O Morro dos Ventos Uivantes** – Emily Brontë
959. **A filosofia na era trágica dos gregos** – Nietzsche
960. **Os treze problemas** – Agatha Christie
961. **A massagista japonesa** – Moacyr Scliar
963. **Humor do miserê** – Nani
964. **Todo o mundo tem dúvida, inclusive você** – Édison de Oliveira
965. **A dama do Bar Nevada** – Sergio Faraco
969. **O psicopata americano** – Bret Easton Ellis
970. **Ensaios de amor** – Alain de Botton
971. **O grande Gatsby** – F. Scott Fitzgerald
972. **Por que não sou cristão** – Bertrand Russell
973. **A Casa Torta** – Agatha Christie
974. **Encontro com a morte** – Agatha Christie
975.(23). **Rimbaud** – Jean-Baptiste Baronian
976. **Cartas na rua** – Bukowski
977. **Memória** – Jonathan K. Foster
978. **A abadia de Northanger** – Jane Austen
979. **As pernas de Úrsula** – Claudia Tajes
980. **Retrato inacabado** – Agatha Christie
981. **Solanin (1)** – Inio Asano
982. **Solanin (2)** – Inio Asano
983. **Aventuras de menino** – Mitsuru Adachi
984.(16). **Fatos & mitos sobre sua alimentação** – Dr. Fernando Lucchese
985. **Teoria quântica** – John Polkinghorne
986. **O eterno marido** – Fiódor Dostoiévski
987. **Um safado em Dublin** – J. P. Donleavy
988. **Mirinha** – Dalton Trevisan
989. **Akhenaton e Nefertiti** – Carmen Seganfredo e A. S. Franchini
990. **On the Road – o manuscrito original** – Jack Kerouac
991. **Relatividade** – Russell Stannard
992. **Abaixo de zero** – Bret Easton Ellis

993(24). **Andy Warhol** – Mériam Korichi
995. **Os últimos casos de Miss Marple** – Agatha Christie
996. **Nico Demo: Aí vem encrenca** – Mauricio de Sousa
998. **Rousseau** – Robert Wokler
999. **Noite sem fim** – Agatha Christie
1000. **Diários de Andy Warhol (1)** – Editado por Pat Hackett
1001. **Diários de Andy Warhol (2)** – Editado por Pat Hackett
1002. **Cartier-Bresson: o olhar do século** – Pierre Assouline
1003. **As melhores histórias da mitologia: vol. 1** – A.S. Franchini e Carmen Seganfredo
1004. **As melhores histórias da mitologia: vol. 2** – A.S. Franchini e Carmen Seganfredo
1005. **Assassinato no beco** – Agatha Christie
1006. **Convite para um homicídio** – Agatha Christie
1008. **História da vida** – Michael J. Benton
1009. **Jung** – Anthony Stevens
1010. **Arsène Lupin, ladrão de casaca** – Maurice Leblanc
1011. **Dublinenses** – James Joyce
1012. **120 tirinhas da Turma da Mônica** – Mauricio de Sousa
1013. **Antologia poética** – Fernando Pessoa
1014. **A aventura de um cliente ilustre** *seguido de* **O último adeus de Sherlock Holmes** – Sir Arthur Conan Doyle
1015. **Cenas de Nova York** – Jack Kerouac
1016. **A corista** – Anton Tchékhov
1017. **O diabo** – Leon Tolstói
1018. **Fábulas chinesas** – Sérgio Capparelli e Márcia Schmaltz
1019. **O gato do Brasil** – Sir Arthur Conan Doyle
1020. **Missa do Galo** – Machado de Assis
1021. **O mistério de Marie Rogêt** – Edgar Allan Poe
1022. **A mulher mais linda da cidade** – Bukowski
1023. **O retrato** – Nicolai Gogol
1024. **O conflito** – Agatha Christie
1025. **Os primeiros casos de Poirot** – Agatha Christie
1027(25). **Beethoven** – Bernard Fauconnier
1028. **Platão** – Julia Annas
1029. **Cleo e Daniel** – Roberto Freire
1030. **Til** – José de Alencar
1031. **Viagens na minha terra** – Almeida Garrett
1032. **Profissões para mulheres e outros artigos feministas** – Virginia Woolf
1033. **Mrs. Dalloway** – Virginia Woolf
1034. **O cão da morte** – Agatha Christie
1035. **Tragédia em três atos** – Agatha Christie
1037. **O fantasma da Ópera** – Gaston Leroux
1038. **Evolução** – Brian e Deborah Charlesworth
1039. **Medida por medida** – Shakespeare
1040. **Razão e sentimento** – Jane Austen
1041. **A obra-prima ignorada** *seguido de* **Um episódio durante o Terror** – Balzac
1042. **A fugitiva** – Anaïs Nin
1043. **As grandes histórias da mitologia greco-romana** – A. S. Franchini
1044. **O corno de si mesmo & outras historietas** – Marquês de Sade
1045. **Da felicidade** *seguido de* **Da vida retirada** – Sêneca
1046. **O horror em Red Hook e outras histórias** – H. P. Lovecraft
1047. **Noite em claro** – Martha Medeiros
1048. **Poemas clássicos chineses** – Li Bai, Du Fu e Wang Wei
1049. **A terceira moça** – Agatha Christie
1050. **Um destino ignorado** – Agatha Christie
1051(26). **Buda** – Sophie Royer
1052. **Guerra Fria** – Robert J. McMahon
1053. **Simons's Cat: as aventuras de um gato travesso e comilão – vol. 1** – Simon Tofield
1054. **Simons's Cat: as aventuras de um gato travesso e comilão – vol. 2** – Simon Tofield
1055. **Só as mulheres e as baratas sobreviverão** – Claudia Tajes
1057. **Pré-história** – Chris Gosden
1058. **Pintou sujeira!** – Mauricio de Sousa
1059. **Contos de Mamãe Gansa** – Charles Perrault
1060. **A interpretação dos sonhos: vol. 1** – Freud
1061. **A interpretação dos sonhos: vol. 2** – Freud
1062. **Frufru Rataplã Dolores** – Dalton Trevisan
1063. **As melhores histórias da mitologia egípcia** – Carmem Seganfredo e A.S. Franchini
1064. **Infância. Adolescência. Juventude** – Tolstói
1065. **As consolações da filosofia** – Alain de Botton
1066. **Diários de Jack Kerouac – 1947-1954**
1067. **Revolução Francesa – vol. 1** – Max Gallo
1068. **Revolução Francesa – vol. 2** – Max Gallo
1069. **O detetive Parker Pyne** – Agatha Christie
1070. **Memórias do esquecimento** – Flávio Tavares
1071. **Drogas** – Leslie Iversen
1072. **Manual de ecologia (vol.2)** – J. Lutzenberger
1073. **Como andar no labirinto** – Affonso Romano de Sant'Anna
1074. **A orquídea e o serial killer** – Juremir Machado da Silva
1075. **Amor nos tempos de fúria** – Lawrence Ferlinghetti
1076. **A aventura do pudim de Natal** – Agatha Christie
1078. **Amores que matam** – Patricia Faur
1079. **Histórias de pescador** – Mauricio de Sousa
1080. **Pedaços de um caderno manchado de vinho** – Bukowski
1081. **A ferro e fogo: tempo de solidão (vol.1)** – Josué Guimarães
1082. **A ferro e fogo: tempo de guerra (vol.2)** – Josué Guimarães
1084(17). **Desembarcando o Alzheimer** – Dr. Fernando Lucchese e Dra. Ana Hartmann
1085. **A maldição do espelho** – Agatha Christie
1086. **Uma breve história da filosofia** – Nigel Warburton
1088. **Heróis da História** – Will Durant

1089. **Concerto campestre** – L. A. de Assis Brasil
1090. **Morte nas nuvens** – Agatha Christie
1092. **Aventura em Bagdá** – Agatha Christie
1093. **O cavalo amarelo** – Agatha Christie
1094. **O método de interpretação dos sonhos** – Freud
1095. **Sonetos de amor e desamor** – Vários
1096. **120 tirinhas do Dilbert** – Scott Adams
1097. **200 fábulas de Esopo**
1098. **O curioso caso de Benjamin Button** – F. Scott Fitzgerald
1099. **Piadas para sempre: uma antologia para morrer de rir** – Visconde da Casa Verde
1100. **Hamlet (Mangá)** – Shakespeare
1101. **A arte da guerra (Mangá)** – Sun Tzu
1104. **As melhores histórias da Bíblia (vol.1)** – A. S. Franchini e Carmen Seganfredo
1105. **As melhores histórias da Bíblia (vol.2)** – A. S. Franchini e Carmen Seganfredo
1106. **Psicologia das massas e análise do eu** – Freud
1107. **Guerra Civil Espanhola** – Helen Graham
1108. **A autoestrada do sul e outras histórias** – Julio Cortázar
1109. **O mistério dos sete relógios** – Agatha Christie
1110. **Peanuts: Ninguém gosta de mim... (amor)** – Charles Schulz
1111. **Cadê o bolo?** – Mauricio de Sousa
1112. **O filósofo ignorante** – Voltaire
1113. **Totem e tabu** – Freud
1114. **Filosofia pré-socrática** – Catherine Osborne
1115. **Desejo de status** – Alain de Botton
1118. **Passageiro para Frankfurt** – Agatha Christie
1120. **Kill All Enemies** – Melvin Burgess
1121. **A morte da sra. McGinty** – Agatha Christie
1122. **Revolução Russa** – S. A. Smith
1123. **Até você, Capitu?** – Dalton Trevisan
1124. **O grande Gatsby (Mangá)** – F. S. Fitzgerald
1125. **Assim falou Zaratustra (Mangá)** – Nietzsche
1126. **Peanuts: É para isso que servem os amigos (amizade)** – Charles Schulz
1127. (27). **Nietzsche** – Dorian Astor
1128. **Bidu: Hora do banho** – Mauricio de Sousa
1129. **O melhor do Macanudo Taurino** – Santiago
1130. **Radicci 30 anos** – Iotti
1131. **Show de sabores** – J.A. Pinheiro Machado
1132. **O prazer das palavras** – vol. 3 – Cláudio Moreno
1133. **Morte na praia** – Agatha Christie
1134. **O fardo** – Agatha Christie
1135. **Manifesto do Partido Comunista (Mangá)** – Marx & Engels
1136. **A metamorfose (Mangá)** – Franz Kafka
1137. **Por que você não se casou... ainda** – Tracy McMillan
1138. **Textos autobiográficos** – Bukowski
1139. **A importância de ser prudente** – Oscar Wilde
1140. **Sobre a vontade na natureza** – Arthur Schopenhauer
1141. **Dilbert (8)** – Scott Adams
1142. **Entre dois amores** – Agatha Christie
1143. **Cipreste triste** – Agatha Christie
1144. **Alguém viu uma assombração?** – Mauricio de Sousa
1145. **Mandela** – Elleke Boehmer
1146. **Retrato do artista quando jovem** – James Joyce
1147. **Zadig ou o destino** – Voltaire
1148. **O contrato social (Mangá)** – J.-J. Rousseau
1149. **Garfield fenomenal** – Jim Davis
1150. **A queda da América** – Allen Ginsberg
1151. **Música na noite & outros ensaios** – Aldous Huxley
1152. **Poesias inéditas & Poemas dramáticos** – Fernando Pessoa
1153. **Peanuts: Felicidade é...** – Charles M. Schulz
1154. **Mate-me por favor** – Legs McNeil e Gillian McCain
1155. **Assassinato no Expresso Oriente** – Agatha Christie
1156. **Um punhado de centeio** – Agatha Christie
1157. **A interpretação dos sonhos (Mangá)** – Freud
1158. **Peanuts: Você não entende o sentido da vida** – Charles M. Schulz
1159. **A dinastia Rothschild** – Herbert R. Lottman
1160. **A Mansão Hollow** – Agatha Christie
1161. **Nas montanhas da loucura** – H.P. Lovecraft
1162. (28). **Napoleão Bonaparte** – Pascale Fautrier
1163. **Um corpo na biblioteca** – Agatha Christie
1164. **Inovação** – Mark Dodgson e David Gann
1165. **O que toda mulher deve saber sobre os homens: a afetividade masculina** – Walter Riso
1166. **O amor está no ar** – Mauricio de Sousa
1167. **Testemunha de acusação & outras histórias** – Agatha Christie
1168. **Etiqueta de bolso** – Celia Ribeiro
1169. **Poesia reunida (volume 3)** – Affonso Romano de Sant'Anna
1170. **Emma** – Jane Austen
1171. **Que seja em segredo** – Ana Miranda
1172. **Garfield sem apetite** – Jim Davis
1173. **Garfield: Foi mal...** – Jim Davis
1174. **Os irmãos Karamázov (Mangá)** – Dostoiévski
1175. **O Pequeno Príncipe** – Antoine de Saint-Exupéry
1176. **Peanuts: Ninguém mais tem o espírito aventureiro** – Charles M. Schulz
1177. **Assim falou Zaratustra** – Nietzsche
1178. **Morte no Nilo** – Agatha Christie
1179. **Ê, soneca boa** – Mauricio de Sousa
1180. **Garfield a todo o vapor** – Jim Davis
1181. **Em busca do tempo perdido (Mangá)** – Proust
1182. **Cai o pano: o último caso de Poirot** – Agatha Christie
1183. **Livro para colorir e relaxar** – Livro 1
1184. **Para colorir sem parar**
1185. **Os elefantes não esquecem** – Agatha Christie
1186. **Teoria da relatividade** – Albert Einstein
1187. **Compêndio da psicanálise** – Freud
1188. **Visões de Gerard** – Jack Kerouac

1189. **Fim de verão** – Mohiro Kitoh
1190. **Procurando diversão** – Mauricio de Sousa
1191. **E não sobrou nenhum e outras peças** – Agatha Christie
1192. **Ansiedade** – Daniel Freeman & Jason Freeman
1193. **Garfield: pausa para o almoço** – Jim Davis
1194. **Contos do dia e da noite** – Guy de Maupassant
1195. **O melhor de Hagar 7** – Dik Browne
1196.(29).**Lou Andreas-Salomé** – Dorian Astor
1197.(30).**Pasolini** – René de Ceccatty
1198. **O caso do Hotel Bertram** – Agatha Christie
1199. **Crônicas de motel** – Sam Shepard
1200. **Pequena filosofia da paz interior** – Catherine Rambert
1201. **Os sertões** – Euclides da Cunha
1202. **Treze à mesa** – Agatha Christie
1203. **Bíblia** – John Riches
1204. **Anjos** – David Albert Jones
1205. **As tirinhas do Guri de Uruguaiana 1** – Jair Kobe
1206. **Entre aspas (vol.1)** – Fernando Eichenberg
1207. **Escrita** – Andrew Robinson
1208. **O spleen de Paris: pequenos poemas em prosa** – Charles Baudelaire
1209. **Satíricon** – Petrônio
1210. **O avarento** – Molière
1211. **Queimando na água, afogando-se na chama** – Bukowski
1212. **Miscelânea septuagenária: contos e poemas** – Bukowski
1213. **Que filosofar é aprender a morrer e outros ensaios** – Montaigne
1214. **Da amizade e outros ensaios** – Montaigne
1215. **O medo à espreita e outras histórias** – H.P. Lovecraft
1216. **A obra de arte na era de sua reprodutibilidade técnica** – Walter Benjamin
1217. **Sobre a liberdade** – John Stuart Mill
1218. **O segredo de Chimneys** – Agatha Christie
1219. **Morte na rua Hickory** – Agatha Christie
1220. **Ulisses (Mangá)** – James Joyce
1221. **Ateísmo** – Julian Baggini
1222. **Os melhores contos de Katherine Mansfield** – Katherine Mansfied
1223.(31).**Martin Luther King** – Alain Foix
1224. **Millôr Definitivo: uma antologia de *A Bíblia do Caos*** – Millôr Fernandes
1225. **O Clube das Terças-Feiras e outras histórias** – Agatha Christie
1226. **Por que sou tão sábio** – Nietzsche
1227. **Sobre a mentira** – Platão
1228. **Sobre a leitura *seguido do* Depoimento de Céleste Albaret** – Proust
1229. **O homem do terno marrom** – Agatha Christie
1230.(32).**Jimi Hendrix** – Franck Médioni
1231. **Amor e amizade e outras histórias** – Jane Austen
1232. **Lady Susan, Os Watson e Sanditon** – Jane Austen
1233. **Uma breve história da ciência** – William Bynum
1234. **Macunaíma: o herói sem nenhum caráter** – Mário de Andrade
1235. **A máquina do tempo** – H.G. Wells
1236. **O homem invisível** – H.G. Wells
1237. **Os 36 estratagemas: manual secreto da arte da guerra** – Anônimo
1238. **A mina de ouro e outras histórias** – Agatha Christie
1239. **Pic** – Jack Kerouac
1240. **O habitante da escuridão e outros contos** – H.P. Lovecraft
1241. **O chamado de Cthulhu e outros contos** – H.P. Lovecraft
1242. **O melhor de Meu reino por um cavalo!** – Edição de Ivan Pinheiro Machado
1243. **A guerra dos mundos** – H.G. Wells
1244. **O caso da criada perfeita e outras histórias** – Agatha Christie
1245. **Morte por afogamento e outras histórias** – Agatha Christie
1246. **Assassinato no Comitê Central** – Manuel Vázquez Montalbán
1247. **O papai é pop** – Marcos Piangers
1248. **O papai é pop 2** – Marcos Piangers
1249. **A mamãe é rock** – Ana Cardoso
1250. **Paris boêmia** – Dan Franck
1251. **Paris libertária** – Dan Franck
1252. **Paris ocupada** – Dan Franck
1253. **Uma anedota infame** – Dostoiévski
1254. **O último dia de um condenado** – Victor Hugo
1255. **Nem só de caviar vive o homem** – J.M. Simmel
1256. **Amanhã é outro dia** – J.M. Simmel
1257. **Mulherzinhas** – Louisa May Alcott
1258. **Reforma Protestante** – Peter Marshall
1259. **História econômica global** – Robert C. Allen
1260.(33).**Che Guevara** – Alain Foix
1261. **Câncer** – Nicholas James
1262. **Akhenaton** – Agatha Christie
1263. **Aforismos para a sabedoria de vida** – Arthur Schopenhauer
1264. **Uma história do mundo** – David Coimbra
1265. **Ame e não sofra** – Walter Riso
1266. **Desapegue-se!** – Walter Riso
1267. **Os Sousa: Uma família do barulho** – Mauricio de Sousa
1268. **Nico Demo: O rei da travessura** – Mauricio de Sousa
1269. **Testemunha de acusação e outras peças** – Agatha Christie
1270.(34).**Dostoiévski** – Virgil Tanase
1271. **O melhor de Hagar 8** – Dik Browne
1272. **O melhor de Hagar 9** – Dik Browne
1273. **O melhor de Hagar 10** – Dik e Chris Browne
1274. **Considerações sobre o governo representativo** – John Stuart Mill

1275. **O homem Moisés e a religião monoteísta** – Freud
1276. **Inibição, sintoma e medo** – Freud
1277. **Além do princípio de prazer** – Freud
1278. **O direito de dizer não!** – Walter Riso
1279. **A arte de ser flexível** – Walter Riso
1280. **Casados e descasados** – August Strindberg
1281. **Da Terra à Lua** – Júlio Verne
1282. **Minhas galerias e meus pintores** – Kahnweiler
1283. **A arte do romance** – Virginia Woolf
1284. **Teatro completo v. 1: As aves da noite** *seguido de* **O visitante** – Hilda Hilst
1285. **Teatro completo v. 2: O verdugo** *seguido de* **A morte do patriarca** – Hilda Hilst
1286. **Teatro completo v. 3: O rato no muro** *seguido de* **Auto da barca de Camiri** – Hilda Hilst
1287. **Teatro completo v. 4: A empresa** *seguido de* **O novo sistema** – Hilda Hilst
1289. **Fora de mim** – Martha Medeiros
1290. **Divã** – Martha Medeiros
1291. **Sobre a genealogia da moral: um escrito polêmico** – Nietzsche
1292. **A consciência de Zeno** – Italo Svevo
1293. **Células-tronco** – Jonathan Slack
1294. **O fim do ciúme e outros contos** – Proust
1295. **A jangada** – Júlio Verne
1296. **A ilha do dr. Moreau** – H.G. Wells
1297. **Ninho de fidalgos** – Ivan Turguêniev
1298. **Jane Eyre** – Charlotte Brontë
1299. **Sobre gatos** – Bukowski
1300. **Sobre o amor** – Bukowski
1301. **Escrever para não enlouquecer** – Bukowski
1302. **222 receitas** – J. A. Pinheiro Machado
1303. **Reinações de Narizinho** – Monteiro Lobato
1304. **O Saci** – Monteiro Lobato
1305. **Memórias da Emília** – Monteiro Lobato
1306. **O Picapau Amarelo** – Monteiro Lobato
1307. **A reforma da Natureza** – Monteiro Lobato
1308. **Fábulas** *seguido de* **Histórias diversas** – Monteiro Lobato
1309. **Aventuras de Hans Staden** – Monteiro Lobato
1310. **Peter Pan** – Monteiro Lobato
1311. **Dom Quixote das crianças** – Monteiro Lobato
1312. **O Minotauro** – Monteiro Lobato
1313. **Um quarto só seu** – Virginia Woolf
1314. **Sonetos** – Shakespeare
1315. (35).**Thoreau** – Marie Berthoumieu e Laura El Makki
1316. **Teoria da arte** – Cynthia Freeland
1317. **A arte da prudência** – Baltasar Gracián
1318. **O louco** *seguido de* **Areia e espuma** – Khalil Gibran
1319. **O profeta** *seguido de* **O jardim do profeta** – Khalil Gibran
1320. **Jesus, o Filho do Homem** – Khalil Gibran
1321. **A luta** – Norman Mailer
1322. **Sobre o sofrimento do mundo e outros ensaios** – Schopenhauer
1323. **Epidemiologia** – Rodolfo Sacacci
1324. **Japão moderno** – Christopher Goto-Jones
1325. **A arte da meditação** – Matthieu Ricard
1326. **O adversário secreto** – Agatha Christie
1327. **Pollyanna** – Eleanor H. Porter
1328. **Espelhos** – Eduardo Galeano
1329. **A Vênus das peles** – Sacher-Masoch
1330. **O 18 de brumário de Luís Bonaparte** – Karl Marx
1331. **Um jogo para os vivos** – Patricia Highsmith
1332. **A tristeza pode esperar** – J.J. Camargo
1333. **Vinte poemas de amor e uma canção desesperada** – Pablo Neruda
1334. **Judaísmo** – Norman Solomon
1335. **Esquizofrenia** – Christopher Frith & Eve Johnstone
1336. **Seis personagens em busca de um autor** – Luigi Pirandello
1337. **A Fazenda dos Animais** – George Orwell
1338. **1984** – George Orwell
1339. **Ubu Rei** – Alfred Jarry
1340. **Sobre bêbados e bebidas** – Bukowski
1341. **Tempestade para os vivos e para os mortos** – Bukowski
1342. **Complicado** – Natsume Ono
1343. **Sobre o livre-arbítrio** – Schopenhauer
1344. **Uma breve história da literatura** – John Sutherland
1345. **Você fica tão sozinho às vezes que até faz sentido** – Bukowski
1346. **Um apartamento em Paris** – Guillaume Musso
1347. **Receitas fáceis e saborosas** – José Antonio Pinheiro Machado
1348. **Por que engordamos** – Gary Taubes
1349. **A fabulosa história do hospital** – Jean-Noël Fabiani
1350. **Voo noturno** *seguido de* **Terra dos homens** – Antoine de Saint-Exupéry
1351. **Doutor Sax** – Jack Kerouac
1352. **O livro do Tao e da virtude** – Lao-Tsé
1353. **Pista negra** – Antonio Manzini
1354. **A chave de vidro** – Dashiell Hammett
1355. **Martin Eden** – Jack London
1356. **Já te disse adeus, e agora, como te esqueço?** – Walter Riso
1357. **A viagem do descobrimento** – Eduardo Bueno
1358. **Náufragos, traficantes e degredados** – Eduardo Bueno
1359. **O retrato do Brasil** – Paulo Prado
1360. **Maravilhosamente imperfeito, escandalosamente feliz** – Walter Riso

lepmeditores
www.lpm.com.br
o site que conta tudo

IMPRESSÃO:

PALLOTTI
GRÁFICA

Santa Maria - RS | Fone: (55) 3220.4500
www.graficapallotti.com.br